『裏モノJAPAN』編集部セントウの

クレイジーナンパ大作戦

仙頭正教（40歳）

鉄人文庫

はじめに

5年前の春、東京大学入学試験、合格発表日。

学ラン&学帽&メガネという秀才受験生ファッションでキメた、当時32歳のオレは、赤門の前で「やったー!」とガッツポーズを繰り返していた。

受かったわけではない。そもそも受験すらしていない。桜美林大学出身の凡人が東大に受かるわけなどなかろう。

ガッツポーズの目的はナンパだ。

赤門の周囲には、当然ながら合格したばかりの浮かれた女子が大勢いる。そしてそのそばにいるのは、同じく合格の決まったオレ。狭き門をくぐり抜けた同士で意気投合すれば、カラダのお付き合いに発展するのでは…。

本書に登場する「やった、東大に受かった！　キミも？　よし、エッチしよう！」作戦である。

バカじゃないかって？　いやいや大マジメだ。少々不自然だろうが、周囲に白い目で見られようが、信用してくれる女が一人でもいればナンパは成功なのだから。

月刊『裏モノＪＡＰＡＮ』の編集部に籍を置き、かれこれ12年になる。男の欲望を追求するという高尚なコンセプトの下、ずいぶんと体当たり取材を繰り返してきた。

地方の裏風俗を探しに出かけたり、出会い系サイトの援助交際オンナを買いたたいたり、変態セックス愛好家が集うパーティに参加したり。ときにはボッタクリ風俗に潜り込み、イカツイ店員に脅されたこともあった。

なかでもオレが率先して挑んできたのがナンパリポートだ。

新幹線に乗っているときにひらめいたのは、看板作戦だ。田園地帯に立っているあの広告で恋人募集をすればどうなる？　かくして縦４×横８メートルの特大看板を自作して「恋人ボシュー」と書き、顔写真＆電話番号も大きく載せて、線路わきに立ててみた。その結果は…。

高校野球選手権大会の東京予選期間中に、丸坊主&学生服の格好で現役球児に扮したこともある。「試合に負けて甲子園へ行けなくて…」と町の女に声をかけ、母性本能をくすぐる作戦だ。これ、信じる女性がいたのだから世の中わからない。

正月には、小中高の同級生女子200人全員に年賀状を出し、再会セックスを狙った。おかげで地元の高知でヘンな噂が広まり、今も帰省のときは顔を伏せて歩いている。

今回、これまでのナンパリポートが一冊にまとまることになった。オレ、仙頭正教、自称「マー君」が、世間サマの白眼視に耐えてつかみとった20の出会い。さみしい男性の恋人作りに役立てていただければ幸いだ（きっと役立ちませんが）。

※本書は「『裏モノJAPAN』編集部セントウのクレイジーナンパ大作戦20」（2016年9月、小社刊）を加筆、修正、再編集し、文庫化したものです。

※本書の情報は、初出誌掲載当時のものです。

※本書に登場する女性はすべて仮名です。

風よ、まだ見ぬ彼女に想いを運べ

クレイジーナンパ大作戦①

ラブレター風船100個を空に放つ

『裏モノJAPAN』に「拝啓、美人店員さま」という連載がある。文字どおり、美人店員に手紙を渡して告白する内容だ。

オレはこの担当ライターの竹中クンをずっとうらやましく思っていた。恋人を作るにあたってあんなにロマンチックなやり方は他にない。だからいつか真似てやりたいと虎視眈々と機会をうかがっていた。…機会をうかがう必要なんてない。勝手にやればいいだけだ。手をこまねいていたのは勇気が湧かなかっただけのことだ。

だってそうでしょう。店員に手紙を渡すなんて、こんなに恥ずかしい行動はないですよ。目の前で破られればどんな顔すりゃいいものか。たぶん泣くし。

でもオレは思った。直接ハイどうぞと手渡すのでなければ、ずいぶん抵抗感も違うんじゃないか。ていうか、抵抗ゼロなんじゃないか。

とはいえ知人に代行してもらうなんてのは根性ナシと思われるから恋もうまくいかない。郵便はストーカーっぽいからフラれる。

そこで登場するのが風船である。ラブレターを結んで空に飛ばし、拾ってくれた子と愛を育むってのはどうだろう。

なにせ風まかせ、好みの子を狙うわけにはいかないけど、風船手紙にリアクションを起こしてくれるような子って、なんだか性格が良さそうな気がしませんか。オレと同じロマンチストのような気がしませんか。しますよね。

手紙を書こう

では手紙を用意しよう。どんな内容がいいだろうか。

女になったつもりで想像してみる。空から風船が飛んできて、下には手紙がくっついている。たぶんとりあえずは読んでみるだろう。気になるし。

あんまりガッツいてると引くはずだ。出会い系みたいな文面は避けて、「男女問わず友達を作りたい」ってことにしよう。

風船は１００個用意するつもりだが、運命の出会いを強調するために「一つだけ飛ばしました」と記しておく。大事な一つを私が拾ったの？　きゃーっ素

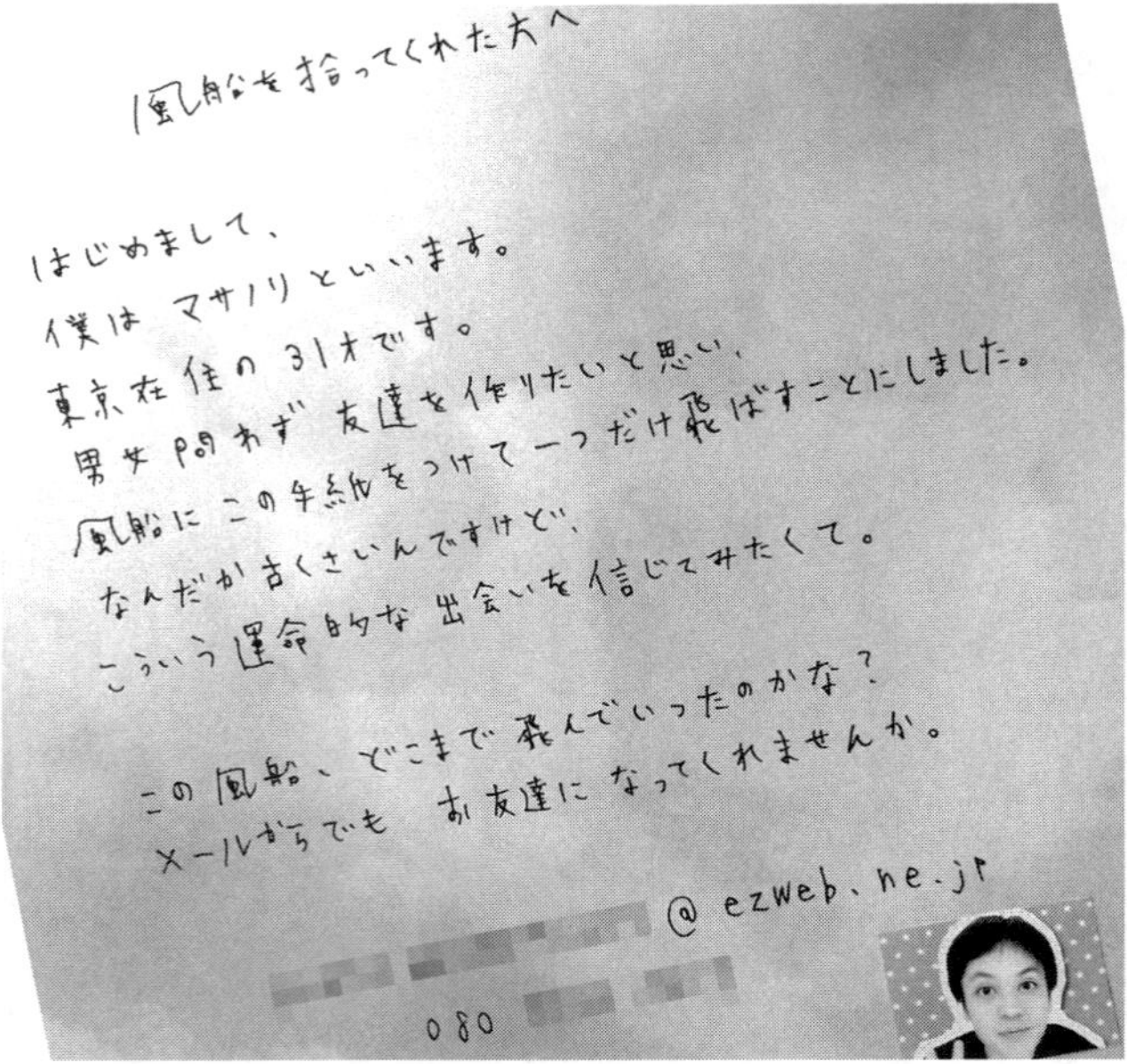

風船を拾ってくれた方へ

はじめまして、
僕は マサノリといいます。
東京在住の 31才です。
男女問わず 友達を作りたいと思い、
風船にこの手紙をつけて一つだけ飛ばすことにしました。
なんだか古くさいんですけど、
こういう運命的な 出会いを信じてみたくて。

この風船、どこまで飛んでいったのかな？
メールからでも お友達になってくれませんか。

[redacted]@ezweb.ne.jp
080[redacted]

敵！　ありえるね。

「どこまで飛んでいったのかな？」の一文は、連絡をしやすくするためのものだ。誰だってこういう鉄腕ＤＡＳＨ的な実験には協力したくなるもんだ。

こうしてバイト嬢の代筆で完成したのが右の手紙である。こいつを手書き風印刷で１００枚準備し、最後にプリクラを貼る。ふふ、けっこうイイんじゃないの。

とそこへ、バイト嬢が様子をのぞきに来た。

「プリクラは付けないほうがいいんじゃないですか。かえってキモイですよ」

ギクっ。……プリクラ無しタイプも半分作っとくか。

顔はわかったほうがいいよな

飛ばしてみよう

さあ飛ばしますよ。会社の屋上にスタンバイし、手紙付き風船１００個にヘリウムガスの注入だ。

５個６個と、カラフルな風船が空を舞う。おっと、路上のＯＬさんたちが指さしてるぞ。やっぱ風船って女心をくすぐるんだね。

ただ、気になるのはどれもこれも同じ方向に飛んでる点だ。全部まとめて東京湾に落ちたら誰も拾ってくれないぞ。というわけで作戦。

①…飛ばす時間帯をバラバラに
②…ヘリウムガスの量を調整
③…風船の数も手紙1通につき1〜3個とバラつかせる

北へ向かうヤツ、西へ向かうヤツ、近くの靖国神社にでも落ちそうなヤツ、空高く舞い上がってすぐ視界から消えたヤツ。100通の手紙は散り散りバラバラに飛んでいった。

風よ、あとはまかせた。

少しズルしてみよう

完全に風まかせにするのも男らしくていいのだけど、もし100個ともビルの屋上なんかに不時着したらタマったもんじゃない。ヘリウムガス代だって結構かかってんだから。

ヘリウムガスを入れて

美女の元へ飛んでいけ！

なのでちょっと保険をかけることにした。目星をつけた女の子ン家のベランダにラブレター風船の萎みきったのを投げ込んでおくのだ。あら、こんなとこに何か落ちてるわ。まあ偶然ウチに着くなんて運命かしら。てなもんだ。

某所での尾行を繰り返し、オレは投げ込みを5件ほどこなし終えた。もし誰かに見られていれば、ゴミの不法投棄で捕まったかもしれない。

誰が拾ってくれたかな

①埼玉県川口市から

〈残念ながら、女性ではありません。こういう場合異性のほうが良かったよね。川口市までマサノリ君の風船飛んできたことを報告します。今日、午後5時に発見しましたよ。ちなみに何日の何時に東京のどちらから飛ばしたのですか？？〉

②東京都練馬区から
〈風船飛ばしたのは、あなたですか？　練馬まで飛んできましたよ☆好奇心を持って送ってみました☆〉
③東京都北区から
〈何かの企画？　こういうのけっこう好きです。王子で風船拾いました。連絡まってまーす〉
④東京都葛飾区から
〈どーもー。風船を拾いましたよ。亀有のイトーヨーカドーの駐車場に落ちてましたが、どこらへんから飛ばしたんですか？〉
⑤東京都新宿区から
〈手紙見ました。風船飛ばしたんですか？　もしかして、千切れたのか？　ヒモしか付いてなかったけど（笑）本当に送ってたら面白いですね。ぼくは大久保ですが、マサノリさんはどちらでしょうか？〉
⑥東京都板橋区から
〈風船さん、はじめまして。今日の夕方、ときわ台で見つけました。奈緒美と言います。誰かのイタズラかなとも思ったんですけど、気になったのでメールしました。どこから飛ばしたん

ですか？〉

連絡してみよう

翌々日からオレのケータイはうれしい悲鳴を上げはじめた。というほどじゃないけど、あれよあれよとメールが届き、最終的には6通に達した（直接電話はなし）。

１００分の６。悪い数字じゃない。放り込み作戦を敢行した一帯からは一通もないのが残念だけど。では内容の精査だ。川口と新宿の２通はオトコ確定なので、お礼のメールだけで軽く流しておこう。ホモかもしれんし。

残り４通。板橋はオンナ確定だから後程ゆっくり料理するとして、後の３通に同じ内容のメールを送る。

〈風船を飛ばしたマサノリです。ぼくが飛ばしたあの風船、正直、あんまり期待はしてませんでした。でも、こうして拾ってもらえるなんて。そしてお返事までもらえるなんて。感動です。とても嬉しかったです。マサノリ〉

戻ってきた返事で、北区、葛飾区もオトコと確定した。ところが残る練馬区は、

〈おつかれです☆朝弟が家の前で拾いました（笑っ最初はなにかのイタズラかと思いました！（笑っでも好奇心で送ってみましたー＼（＾ー＾）／

風船よくとびましたよねっ（笑っ
いつ風船飛ばしたんですか？　☆あたしは高校生ですよ！〉

高校生。ついにオレも清純な交際をすべきときが来たようだ。運命とはいたずらなものだ。ならばそのいたずらにちょっとばかり付き合ってみようか。

なんつって！　う〜、体中がムズムズしてきた！

〈さっそくお返事ありがとうございます。とにかく、拾ってくれた弟さんに感謝です。さっきメアドを見直して思ったんですけどｃｈｉ××＠ってことは、ちぃさんってお呼びするカンジでよろしいでしょうか。馴れ馴れしかったらごめんなさい。ちぃさんは、弟さんと一緒に住まわれてるってことは、ご実家暮らしってカンジでしょうか〉

〈名前はちよって言います！　なんて呼べばいいですか？／（＞－＞）／〉

あぁ、名前の呼び方まで聞かれちゃった。歳が離れてるのに、下の名前で呼ばせちゃっていいのかな。いいよね。いいよね。

〈友達はみんな、まーくんって呼びます。そう読んで（原文ママ）もらえるとうれしいです（笑。以降、よろしくお願いします（＝∀＝）ちよさんは、どんなカンジで呼べばいいでしょうか。ぼくはもういいおっさんだから、高校生という、その若さがうらやましいです（笑。明日は学

校はお休みですか？〉
〈おはよーです＼(^ー^)／　歳は一回りは違いますね！w　学校は休みだけど、バイトあるみたいな(>ー<)　今日も仕事ですかあ？☆〉
〈昨日はメールしたあと寝るときまで妙にワクワクしてました。だって普通の生活していたら高校生の方と知り合う機会なんて、ぼくはなかったと思います。これも風船のおかげというか、何かの縁というか。ちよさんは、今日は高校休みなんですね。バイトはどんなカンジのお仕事ですか？〉

この直後、彼女からのメールはピタリと止まった。

何がマズかったのか読み返してみる。誤字は変換ミスだからよくあることだし、どのメールもわりと誠実っぽいはずなんだけど。

最後の〈高校生の方と知り合う機会なんて〜〉ってとこがヤラシイだって？　えー、だってそうでしょ。誰だって同じこと思うくせに！

もっと頑張ろう

最後の砦が残っている。板橋区の奈緒美さんだ。〈風船さん、はじめまして〉で始まるあたり、桁外れのロマンチストをイメージさせる。入院中の窓から小鳥に話しかけるような、色白の美女と見た。

〈こんばんわ。マサノリです。お返事ありがとうございます。風船は東京の市ヶ谷から飛ばしました。奈緒美さんは何をされてる方でしょうか？　やっぱり風船を拾った方のことは気になっちゃって。よかったら教えて下さい〉

〈私の仕事はパートみたいなものです。普通であまり面白くないですよ。マサノリさんはどんなことをされてるんですか。プリクラはさわやか系でいいと思うんですけど彼女とかいるんですか？〉

さわやか系ときましたよ。彼女のことも聞いてきましたよ。これって、脈アリな文章じゃない？　仕事はパートってとこが予想と違うけど。

〈残念ながら彼女はいません。だからこうして風船なんか飛ばしちゃったわけで（笑）奈緒美さんはカレシさんとかいるんですか？〉

〈いませんよー。ぜんぜん出会いがないんです（涙）〉

〈泣かないで泣かないで。こうして出会いがあったじゃないですか。よかったらゴハンでも食べにいきませんか？　オレがオゴリますんで〉

この後、数日のやりとりを経て、彼女がはたらく池袋で会うことになった。

すでに顔は気に入られているから心配はない。彼氏がいないんだからすぐにお付き合いだって可能だ。風船が結んだ恋。くぅ〜、ご両親に挨拶するときなんて説明しよっかな。

恋人できたかな

この写真をご覧いただきたい。彼女が奈緒美さんだ。風船を飛ばして風船に出会う。こんなパロディのようなことが起きるなんて現実は怖いものだ。

喫茶店で奈緒美さんはずっと笑いっぱなしだった。

「ほんっと、マサノリさんってオカシイですね。普通、風船なんて飛ばさないですよぉ。私、笑っちゃいましたもん」

そうですか。笑ってくれましたか。そりゃどうも。ボクだって笑いたいですよ、この運命を。ちょっと風向きが違えば、女子大生が拾ったかもしれないのに。

さあ、どうしよう。恋人はすごく欲しいんだけど、奈緒美さんはちょっとノーサンキューだ。でも悪い人じゃないんだよな。ニコニコしてるし。

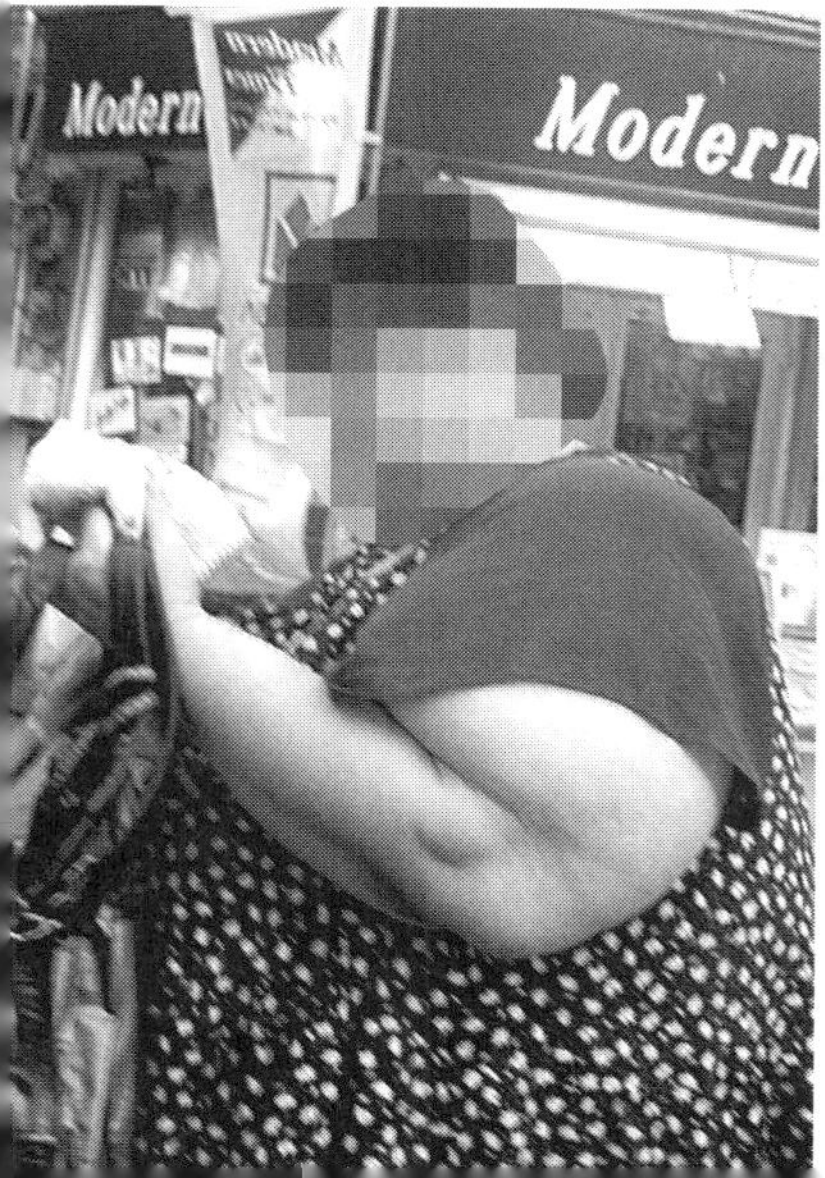

こんなウデ……国技館でも見たことないです

「奈緒美さん、じゃあこれから友達になってください」

「はい」

友達ができた。彼女のツテで女の子を紹介してもらおうか。いや、また別の風船が現われそうだからやめとこう。

『裏モノJAPAN』2010年9月号掲載

これも出会いってことで

いい人ではあるんだけど……

あれから

　その後、奈緒美さんとは特に連絡を取ることもなく、４年ほど経ったある日。新宿の雑踏を歩いていると、後ろから「マサノリさ〜ん」と声をかけられた。

　なんと、彼女だった。以前よりもさらに太っちゃってる巨体を揺らしながら近付いてくる。

「お久しぶりです〜」

「…ご、ごぶさたです」

　４年ぶりのバッタリ再会というロマンチックなシチュエーションと、奈緒美さんの風船ボディとのギャップ。コントじゃねーか。

　そのとき強い風が吹き抜け、ふと思ったものだ。あのとき、風向きがもうちょっと違えば、今日のこの出来事もまた違ったかもしれんのに、と。

クレイジーナンパ大作戦 ②

セントウの次なる恋は波まかせ

２０１０年夏、ラブレターを風船にくくりつけて大空に放ったときは、白鵬なみのデブ女と友達になった（前項参照）。

あれ、たまたま拾った人が悪かっただけだと思う。風の向きが少し違えば、めちゃ美人とはいわないまでも、せめて関脇クラスの子とは出会えたはずだ。

で、今回はロマンチックな秋の海を舞台に、ラブレター拾わせちゃおう作戦を敢行したい。海が舞台、とまで書けばもはや説明は不要だろう。ガラスの小ビンに手紙を入れて、太平洋に流すのだ。

手紙を書こう

今回の文面はヒジョーに重要だ。風船のときは面白半分なノリでも良かったけれど、小ビンの中の手紙が『運命的な出会いを信じたくて』ではなんだかキモイ。三十代の男が何やってんの？　とその場で魚のエサにされてしまうだろう。

やはり今回は、海に流さざるを得なかった設定を文面に書き記しておきたい。ネットや合コンとは無縁で、古典的な方法で恋人を探すしかない、そんな状況だ。

幽閉されてる？　ないない。無人島に漂着？　ないない。山深い村に住んでる？　海がないない。消去法でつぶしていくと、最後に残るのはこれだけだ。

「海沿いの病院に長期入院している」

外出できないので出会いはない。携帯はあっても出会い系は怖い。会話相手は、医者と看護師とときどき見舞いに来る家族だけ。さみしい。
ふと病室の窓をあければすぐそこにいつもの青い海が。そうだ、手紙を海に流そう。誰かが拾ってくれるかもしれない——。
どうですか、この設定ならキモくないでしょ。
ただ、闘病中ってことにすると連絡が来ても会いに行けないので、そろそろ退院できるぐらいにしておいたほうがいいかも。

目立つはずだぞ〜

ビンを拾ってくれた方へ

僕は長い間海辺の病院に入院してます。

32才になったこの前の誕生日も病室で過ごしました。

ようやく回復したので、退院して明るい人生を送ろうと思っています。

ずっと友達もいなかったので、ちょっと不安です。

なのでこの手紙をこの窓から海に流そうと思いまし[た]

よかったら友達になって下さい。

マサノリ

sento[redacted]ne.jp

080[redacted]

用意した小ビンは50個。さあ、海へ出発だ。

流してみよう

東京の海辺はどこもかしこもコンクリで固められてるので、東京湾でバラまいたところで、小ビンが拾われる可能性はなきに等しい。せいぜい漁船の網に引っかかるぐらいだろう。

だからオレは砂浜のビーチへ向かった。湘南だ。海水浴シーズンは終わってるけど、雰囲気のいい場所なので散歩する人はちらほらいるはず。波打ち際にビンが漂着すれば、女の子に拾われる確率大だ。

週末の午後。湘南のメイン地帯に到着したオレは、ズボンの裾をまくりあげて海へ入っていった。

カバンから40個の小ビンを取り出し一気にぶちまける。波よ、ビッグウェイブよ、

美女の元へ運んでくれ！

って、うわぁ！　なんじゃこれ。全部まとめて押し返されてきちゃったよ。あららら、同じところに漂着するんだ。これじゃ、作戦バレバレだね。

ならば浜から沖に向かって1個ずつ投げることにしよう。ほらよっと。あらよっと。ほらもう一発。はいこれで20個目！

ビンはそのまま沖へどんどん流れていった。もしかして、もう戻ってこないとか？

波の仕組みって難しいんだな。

わかった、こうしよう。残り30個は海には流さない。砂浜に置いていこう。どうせわかりっこないんだから。

砂浜を歩きながら、１００メートル以上の間隔を空け、波打ち際にビンを転がしていく。ときには海草を絡めたりもしてリアルさを狙って。

向こうから美人さんが一人で歩いてきた。

なんとか拾わせたい。このまま来たら、そこを通るな。先回りしてビンを置いといてやれ。

よし、立ち止まったぞ。拾え拾え拾え…ダメじゃん。ゴミと思われたか？

すべてのビンをまき終えるのにたっぷり2時間もかかってしまった。なんかだいぶん潮が満ちてきたな。あわわわ、まさかぜんぶ海に持ってかれないよな？

誰が拾ってくれたかかな

①メッセージボトル拾いました！　オレが

拾ったのは鎌倉の海で釣りをしてる時です。

②今朝由比ヶ浜の海岸で瓶を拾いましたよ。こんにちわ。初めまして。私はアケミと言います。PCはいつも目の前にありますので、メール交換はいつでも出来ます。病院での生活、少しでも心が軽くなることを願って。アケミ

③はじめまして。由比ヶ浜でビンを拾いました。マサノリさん、体の具合はどうですか？

④こんばんは（●∀●）／　ビンを拾いました←中❷女子←波江デス。若いもんが生意気だと思われるカモしれませんが…私でよければ貴方のメル友にしていただけませんか？？　貴方の役に立てるかは、わかりませんが…もしよかったら返信くださると嬉しいデス☆

⑤こんばんは。鎌倉の海で手紙ひろいました。なんか大変そうですね。頑張って下さい

連絡してみよう

メールは都合5通届いた（直接電話はなし）。では精査していこう。

①は男なのでパス。④も中2だから泣く泣くパス。残る②③⑤にとりあえず同じ内容のメー

ルを送ってみる。特に女が確定してる②には好リアクションを期待したい。朝から海岸にいるなんて、余裕のある鎌倉のお嬢っぽいし。

〈こんにちわ、マサノリです。体調を気遣って頂き、ありがとうございます。おかげさまで退院しました。今は都内の自宅で療養中です。あのビン、鎌倉に流れて行ったんですね。オレは鎌倉に行ったことないけど、どんなとこだろう。お住まいはそちらの方ですか？〉

いつでもメール交換できるはずの②、アケミちゃんからは返事がなかった。退院してしまった男には興味がないんだろうか。逆に⑤からはキャッチボールにならない一方的なメールがばんばんやってきた。

〈どこの病院ですか？〉
〈なんでも相談に乗ります〉
〈お元気ですか？　メール&電話、返事下さい〉
〈いつ出した手紙なのですか？　これオレの電話番号です。返信下さい！〉

…男だった。留守電にまで「連絡が欲しいです」と、若い男のメッセージが吹き込まれてる。体調を心配してくれるのはありがたいけど、この喰い付きぶりは何だろう。まさかホモ!?
そして残る③。これがなんだか感じのいい返事なんです。

〈こんにちは。川上です。私が住んでるのは、鎌倉駅の近くです。ビンを見つけたときは、一緒にいた友達もビックリしてました。どっちが持って帰るか、じゃんけんで決めたんです。退院されたんですね。おめでとうございます。この調子でドンドン元気になって下さいね〉

女は確定した。上品な言葉遣いからして、30代前半ってとこかな。うんうん、十分ストライクゾーンですぞ。

〈ははっ。ジャンケンですか？　勝ってくれてありがとうございます（笑）。こうして川上さんと繋がれましたしね。体調はもう元気ですよ。ウチにずっといるよりも、なるべく外出したほうがいいと医者にも言われてるぐらいです。そのうち鎌倉にも行ってみたいなあ〉

〈そうですね。鎌倉はお散歩するにはいい町だと思いますよ。お寺とかも多いですし、男性の方でも楽しいと思いますよ〉

最後の一文に、どこか突き放した印象を受ける。一人で散策しろってか。そんな冷たいこと言わないでよ、川上さん。

〈川上さんは地元の人だから、鎌倉のいいお店をいっぱい知ってそうですね。ホントに行ってみたくなってきました。案内してもらえればうれしいです〉

〈そうですね。もし鎌倉に来ることがあれば、連絡ください〉

文面から察するに、アポをとってから会いに行く段取りは難しそうだ。〝わざわざ会う〟のではなく〝たまたま近くに寄ったから会う〟ぐらいの姿勢じゃないと警戒しちゃうタイプなんでしょうな、川上さんって子は。

恋人できたかな

なので鎌倉に行くことにした。川上さんがビンを拾ってくれた由比ヶ浜に。連絡くださいって言うんだから、連絡しちゃおうじゃないの。

鎌倉までの電車のなか、どう病気のウソをつこうかと悩む一方で、またブーちゃんが来るかもと恐れたりもした。最近ブーオチで終わることが多いからな。でも、あんな上品なメールを打つブーはいないよね。

由比ヶ浜に立ち、生まれて初めて鎌倉の海に来て感動してますってな内容のメールを川上さんに送ってみる。最後に電話番号も付けて。

するとどうだろう。間髪入れずに電話がかかってきたじゃないか。

「あ、川上です。はじめまして。あの川上です。メールもらった川上です」

落ち着きなく何度も名乗る川上さんは、こうして文字だけで見ると、ちょっとおっちょこちょいな可愛い女性なんだけど、その声は明らかにオバチャンのそれだった。オフクロとしゃべってる気分になるほどの。

「ああ、あの、鎌倉に来たんですよ。あの、励ましのメールありがとうございました。ほんとに感謝してます」

「いえいえ、もうお元気になられたんですか」

「はい、もうすっかり」

もう会うつもりはなかった。オフクロの同級生みたいな人に会ったって、恋なんて生まれっこない。なのにオレが攻めに出たのは、ただどんなオチがつくのか見てみたかったからだ。

お礼を言いたいのでもし良ければと誘うと、川上さんはちょうど友達と海のほうへ向かうつもりだったと大声で笑う。

およそ1時間後、オレの目の前に現われたのは、60歳はラクショーで越えているだろう二人組の女性だった。

「私が川上です」

「友人の佐伯です」

もうどっちがどっちでもいいです。

メールのお礼を伝えて二人と別れ、オレは一人、とぼとぼと夕焼けのきれいな由比ヶ浜を歩いた。と、波打ち際に見覚えのあるものが。あれってまさか…オレの小ビンじゃないか！　一週間経ったのにまだあったのか。いや、今日このタイミングで流れ着いたとか？　なんだよ、この運命。中の手紙を読んで目頭が熱くなってしまった。マサノリ君、頑張って生きるんだぞ。

『裏モノＪＡＰＡＮ』２０１１年１月号掲載

あれから

手紙には『ようやく回復したので』と書いた。でも、闘病中にしても良かったかもしれない。『余命1年と宣告されて…』とかカマしちゃっても。おそらくや、ビンを拾った方々の心にガツンと響き、女性からのメールもたくさん来たのでは。でもって会いに行ったときは、

「病院の先生に、残された時間はそんなに多くないんだから会いに行ってきなさいと言われて…」

なんつってお涙頂戴アピールをしたら、即マンも十分あったかも——。と思ってみたが、さすがにゲス過ぎか。とりあえず、当時、鎌倉の海岸でビンを拾ってくれたみなさん、お騒がせして失礼いたしました。

クレイジーナンパ大作戦③

男オレだけの出会い系サイト

マークンメール始動

規制がゆるんだのか、ここ最近、首都圏の繁華街で出会い系サイトのティッシュ配りが急増している。

「ハッピーメールでーす」

「PCMAXお願いしまーす」

若い女の子たちが、道行く女子たちにティッシュを渡し、渡された方も恐れることなく受け取って、雑踏に消えていく。

一時期は社会悪の代名詞みたいに言われてた出会い系サイトだが、どうやら時代は一周してしまったらしい。いつのまにかまた存在が容認されているのだ。

事実、それらハッピーメールやPCMAXの男性ユーザーによれば、ここんとこ、女がずいぶんたくさん釣れるんだとか。

恋人を切望する男、セントウマサノリ。知恵をしぼって考え抜いた。この状況、どう利用すべきか。ティッシュに反応する女が多いってことは、つまりあれがこうなって…。

わかった！　オレだけの出会い系サイトを作ってティッシュをまけばいいじゃないか！

ティッシュを作ってみよう

ではティッシュを作ろう。どうせなら1000個くらいまきたいところだが、制作費は…。

業者に相談したところ、意外に安かった。というか激安。なんと1000個8000円だ。

仮に30人釣れたら、女1人にかかるエサ代は300円以下。ひゃー安い安い。

ティッシュのデザインは、他の有名業者を真似ることにした。ブイブイ言わせてるやつの尻馬に乗るほうがいいに決まってる。

サイト名は『マークンメール』でいこう。言うまでもない、マー君はオレの愛称だ。

メインキャッチは、ずばり「恋しようよ!」。オレが恋をしたいのだから、女にも恋をしたがってもらわなきゃ困る。

さらに、有名業者が「第4世代コミュニティサイト」と、なんだか新しそうなことを書いていたので、こちらは「第5世代」で、その上を行く。

最後に、漫画家しゅりりんぷ小林大先生のイラストを載せれば完成だ。

デザインを送って1週間後、ティッシュ業者から段ボール箱が届いた。マークンメールのティッシュ1000個。見事な出来映えである。

こんだけ作って8000円。安く女が釣れるぞ!

サイトを整えよう

では肝心のサイト作成に取りかかろう。

男はオレだけの出会い系。簡単だ。アクセスと同時に、オレのプロフとメアドだけをバーンと表示させればいい。

普通の出会い系だと思ってアクセスした女子は、一瞬困惑するだろう。登録とかいらないの？ メッセージ載せなくていいの？ みたいな。

かまわない。恋をしようと思ってアクセスしてんだから、恋の相手は1人だけいれば十分じゃないか。

アクセスしたら必ずこのページが出てくる仕掛け

渋谷でバラまこう

ティッシュをまく場所は渋谷にしたいが、勝手なことはできない。さしあたって「道路使用許可証」が必要だ。

警察署へ向かったところ、担当者がティッシュに軽く目を落としギロリとこちらを睨んできた。

「このサイト、お金かかる？」

「……タダです」

どういう意味で聞いてきたのだろう。こんなんで金取ろうとしたら逮捕するぞってか。そんなダマシはしませんって。でも男性会員は１人だけど。

とりあえず審査は通った。

12月下旬、配布当日。ティッシュが入った段ボール箱を持って、渋谷の駅前に立った。いつも通り、街は若い子でいっぱいだ。

本日は、配布要員としてバイト娘を雇っている。女からのほうが受け取りやすいだろうし、それにオレが自ら配ると、後日会ったとき「あんた配ってた人でしょ？」とツッコまれそうだし。

最も重要な部分なので、まずはバイト娘に配り方のポイントを説明する。

「男の人には渡さないでください」

「はい」

マークンメールでーす

「あと、女の人でも特にカワイイ子を選んで渡してください」

「はぁ」

「もちろん未成年はスルーしてくださいね」

彼女は何だかポカンとしてる。おいおい、大切なことだぞ。ちゃんと働けよ。

「マークンメールでーす」

「はい、マークンメールでーす」

「マークンメール、どうぞ〜」

ティッシュ配りは順調に進んだ。街行く女の子たちはみな、普通に受け取っていく。大手業者のティッシュと同じ感じで。

にしてもバイト娘ちゃん、もっと積極的にカワイイ子に渡さなきゃイカンだろ。ほら、あの子なんかオレのタイプじゃん。くそー。オレも配ってやるか。

「どうもー、マークンメールお願いしまーす」

はいどうぞどうぞ。まさか本人が配ってるとも知らずに、ティッシュを受け取っていく女の子たち。みなさん、後日に再会しましょうね。

こうして初日は、とりあえず半分、500個のティッシュが渋谷の街にバラまかれた。

ちゃんとアクセスしてね

改良しよう

その夜は、メールがいつ来るか来るかと眠れなかったが、何と1通も来なかった。500個も配ったのに意味わからん。あまりに怪しすぎたか？

サイトに改良を加えよう。いきなりオレのプロフが出てくるんじゃなく、トップページに女の希望する男性の血液型や星座を入力させるってのはどうだ。その後で『検索』を押してようやくオレのプロフに飛ぶ流れだ。

そして上部にはこの文字が。

マッチング結果
あなたのお相手が見つかりました。

選択させて……

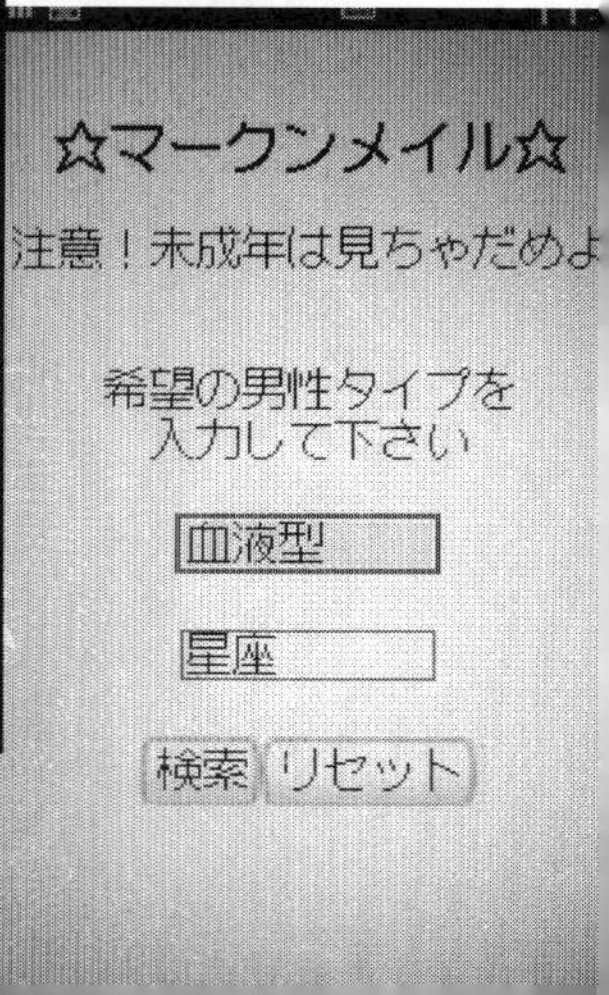

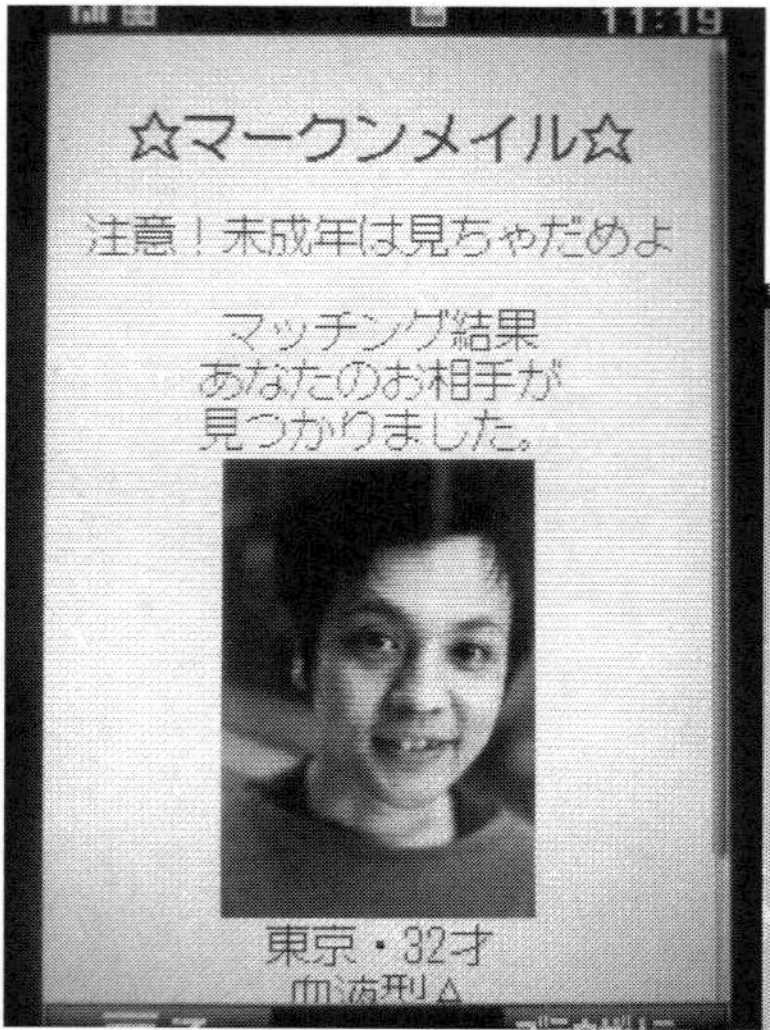

……ここに飛ぶ。賢い！

これだといかにも大勢の中から相性のいい男が選ばれたっぽい。我ながらナイスアイデアだ。

翌日、再び渋谷で残りの500個を配り切り、後は天命を待つだけとなった。

誰が恋してくれたかな

マッチング① これ何ですか
マッチング② ノリさんしか出てこねー
マッチング③ (空メール)
マッチング④ ぼっかぁーん
マッチング⑤ こんにちは。ノリさんは何してる人ですか?
マッチング⑥ あいだよー
マッチング⑦ おまえ誰?
マッチング⑧ 理恵です。
マッチング⑨ はろはろ。よかったらメールちょーだい

およそ1週間でメールは9通届いた。1000個配ってこの打率はどう見るべきか。99%の連中に怪しまれたとは、みなさん鋭いなぁ。

でもオレは前向きに考える。逆に言えば、メールを寄こした人間は鋭くないってことになる。

つまりユルイ子ちゃん!

とはいっても、①②③④⑦の5通は脈がない。

残る4通も相当に素っ気ないけど、ユルイ子ちゃん候補には入るだろう。同じメールを一斉送信だ。

〈こんにちわ。ノリです。メールくれたのは相性チェックが良かったからかな？　まずはメールとかして、よかったらメシ行きましょう〉

返事があったのは⑨だけだった。この時点で１０００分の1。すでに打率「1毛」である。

〈はろはろ。ユミです。ヒマ人です〉

〈ぼくもけっこうヒマですよ。渋谷とかよくブラブラしてます〉

〈渋谷ニガテ。怖い！　新宿ＬＯＶＥ！〉

〈ぼくも新宿東口あたりでよく飲みます。ユミさんはお酒どうですか？〉

〈スキスキ&大好き。おごって〉

あらら、やっぱりユルイ子ちゃんだったよ。自分から誘ってくるなんて。

彼女、たぶんたまたま渋谷に寄ったときにティッシュをもらったんだな。こういう偶然は、得てしてイイ方向に転がるもんですよ！

ユミちゃんに会おう

ティッシュは若くてルックス70点以上の子にしか配っていない。だからデブやおばちゃんの心配は、今回に限っては無用だ。

新宿に向かう電車で、口説き方をあれこれ考えた。相手は酒好きだから、飲ませまくる方向でいこうかな。即マンの可能性も十分あるね。

待ち合わせ場所で携帯をいじってると、〈はろはろ、着きました〉のメールが。ん、どの子だ。携帯持ってるのって、そこの四十絡みのおばちゃんしかいないけど。

目が合った。おばちゃんが笑顔で近づいてくる。

ユミ。たぶん40代……

「どうもどうも」

「…ユミさんですか？」

「はい、ユミです！」

どうして！　どうして！　こんなおばちゃんにティッシュ渡してないでしょ。バイト娘、いい加減に仕事こなしやがったな！

さっそく帰りたくなった。居酒屋などでしっぽりする気はさらさらない。適当にお茶を濁すか。

一応、写真を撮るためプリクラだけでも行っとこう。はい、ユミおばちゃん、こっちこっち。

歩きながら、気になってたことを聞いてみる。

「ユミさん、出会い系とか他にもやったことありますか？」

「ううん、初めて」


不毛すぎる……

なるほど、初めてだからあのカラクリにダマされたわけか。でも、あんたには気付いてほしかったのに。

「へえ、で、どっかでティッシュもらったりしたとか？」

「ううん、トイレで拾った」

くそー、誰が置いてったんだよ。

また、恋する乙女がいたぞ

ゲーセンで不毛な時間を費やしてるときに、⑧の理恵ちゃんからメールがあった。打率「2毛」にアップだ。

〈メールどうもです。イケメン？〉

〈写真載せてるから見てね。イケメンじゃないけどそこそこカッコイイって言われます！　理恵さんは何歳ですか？〉

〈28。そっちはいくつ？〉

〈32だよ！　もしよければ飲みに行こうよ！〉

サイトをちゃんと見てないようだ。よっぽどお馬鹿ちゃん？

この後、かなりワケのわからないメールをやり取りして、やっとこさ渋谷で待ち合わせることになった。

2人の恋は実ったかな

ティッシュは女の手から手へと巡る。だから今度も28歳だからといって安心はできない。クソしながら拾った女かもしれん。だいいち、頭かなり悪そうだし。

用心に用心を重ね、渋谷モヤイ前から、聞いておいた番号へ電話をかける。

「ノリです。もう着いたよ」

「はい、私もいます」

どれ？　えっと、ボロ布をつなぎ合わせたみたいな洋服を着た、そこのデブ女？

「ノリさんですかー」

彼女がこちらに気づき、近付いてきた。髪の毛、ベリーショート。で、パサパサ。顔はちょっとしたナントカ症みたいな雰囲気もある。

配布バイトのあの娘、さすがにこんなアブナイのには渡してないだろう。また拾われたか。そしてなぜこういう女に限って、オレのサイトに引っかかってくれるのだ。いいのは全部ハッピーメールに持っていかれてるのか？

ああ、どうしよう。またプリクラ撮って帰るか。でもそれじゃ何も得ずにマークンメール終了だしなぁ。

ひとまず居酒屋に入ると、彼女はよく飲みよく食った。

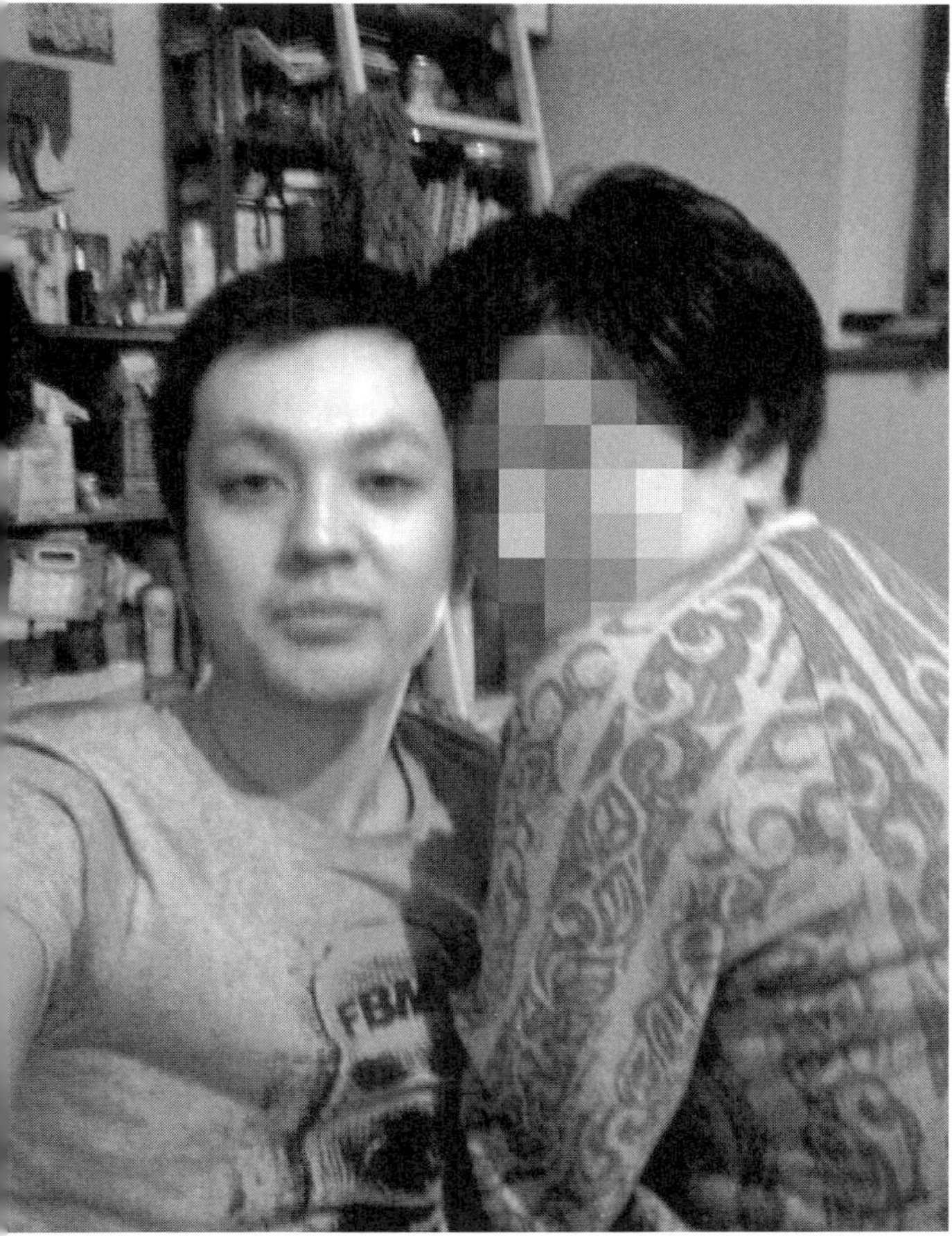

理恵ちゃん、今も元気ですか?

「サイトはどこで知ったの？」

「ティッシュ。そこのとこでくれたやつ」

そこのとこってのは、駅前のことか。あのバイト娘、給料取り返してやる！

理恵はやはり危ない女だった。会話の内容が

実家の父親がいきなり窓の外を拝みだした。

母親がある日からいなくなった。

妹が電車に飛び込み自殺した。


って、これはホラーなのでしょうか。ボク、死ぬんでしょうか。

でも乗りかかった船を下りるのは、裏モノ読者さまの期待を裏切るような気がする。

だから行ってやった、理恵の部屋へ。抱いてやった、正常位で。

なぜかパイパンにしてる理恵の股間が物悲しかった。


『裏モノＪＡＰＡＮ』２０１１年３月号掲載

あれから……

どういうわけか、オレの作戦に引っかかる女は、ちょっと頭がアレな方が多い。この理恵という女も本当にヤバかった。部屋へ行った日の翌日より、おはよう&おやすみメールをガンガン送ってくるし、返信せずにいると相手が完全に地雷化するし。

〈マー君。寂しいよ〉
〈マー君。昨日、妹に呼ばれる夢を見たよ〉
〈想像するよ…。電車に轢かれるってどんな感じなんだろう〉

1ヵ月間くらいは、日に10通以上もこんなホラーメッセージが届いたろうか。おっかなかったと言ったらもう。

そんなわけで、理恵にどっかでこの本を見られて「私のこと書いてる〜。許さん！」と思われたりしないかマジで心配してます。

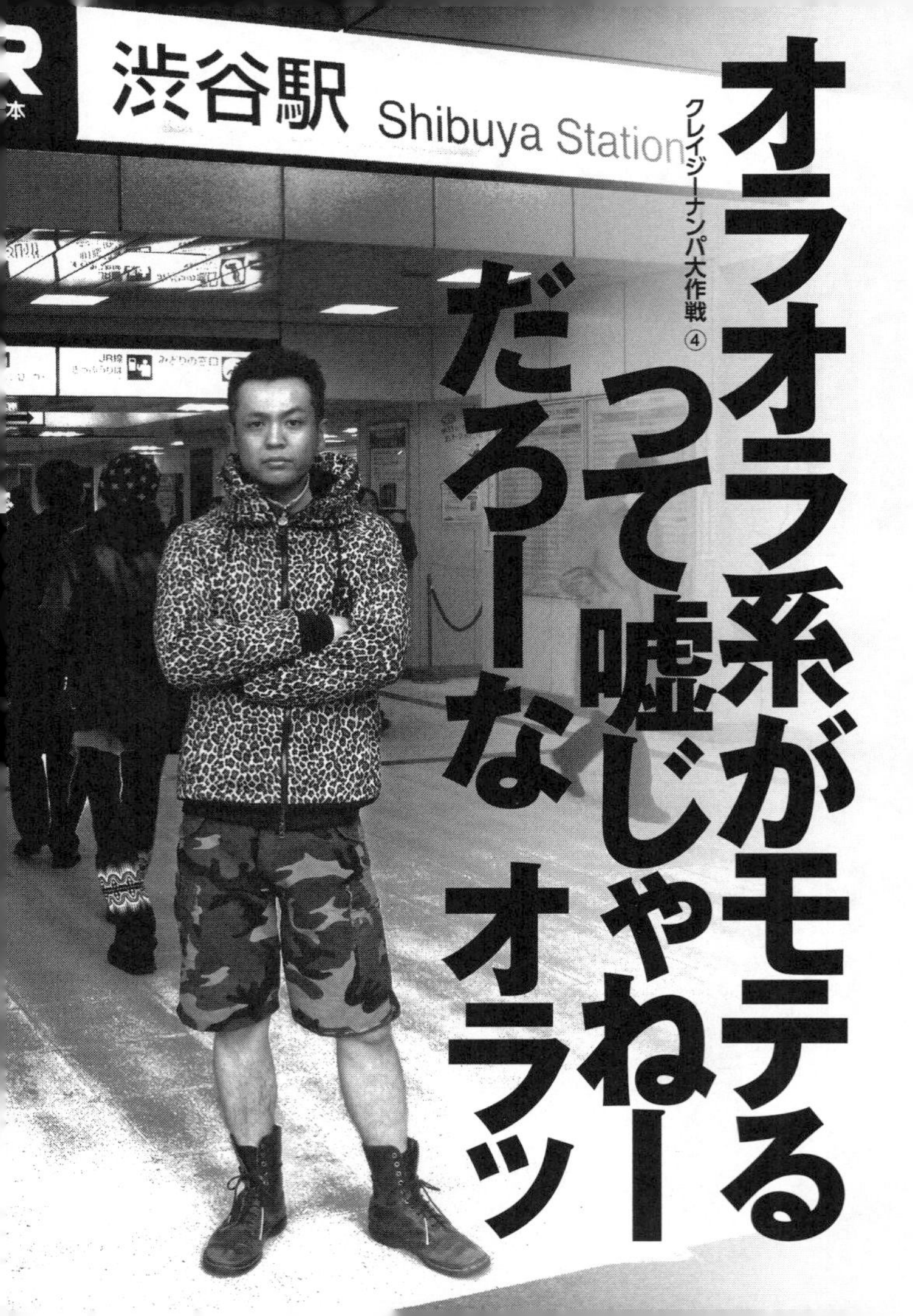

オラオラ系がモテるって嘘じゃねーだろーなオラッ

クレイジーナンパ大作戦④

「オラオラ系」がモテるらしい。何事に対してもオラオラ！　と居丈高に振る舞うタイプが、女子にウケがいいんだと。

見た目は湘南乃風のようにワイルドで、しゃべれば海老蔵のように生意気、みたいな。魔裟斗あたりがそれに近いか。

渋谷なんかに行くと、そんな連中はゴロゴロいる。クラブで女の子たちが「イカチーイカチー」と黄色い声を上げてるのを見たこともある。

昔から連綿とつづく、いわゆる「不良」の現代版ってやつですな。ある時期はツッパリ、ある時期はチーマー。それが今はオラオラになったと。

ふーん、偉そうにするだけでモテるんだ。マー君もオラオラしちゃおっかな〜。

変身しよう

オラオラ系ファッション誌をペラペラ読むこと3分で、ヤツらの見た目は完璧に把握できた。

まず服。これはヒョウ柄のジャンパーが良さそうだ。いかにも悪くて強そうだし。ズボンは野性味溢れる軍パンにしよう。自分で半分にちょん切って短パンにして、ワイルドさアップだ。

お次は髪型。雑誌の看板モデルはパンチだった。だったらオレもパンチしかない。仕上げに、顔にファンデーションを塗って色黒にすれば一丁上がり。オラオラ兄ちゃんの完成だ。

どうだよ、おら。カッコイイだろ、おら。チンピラじゃねーぞ、おらおら。

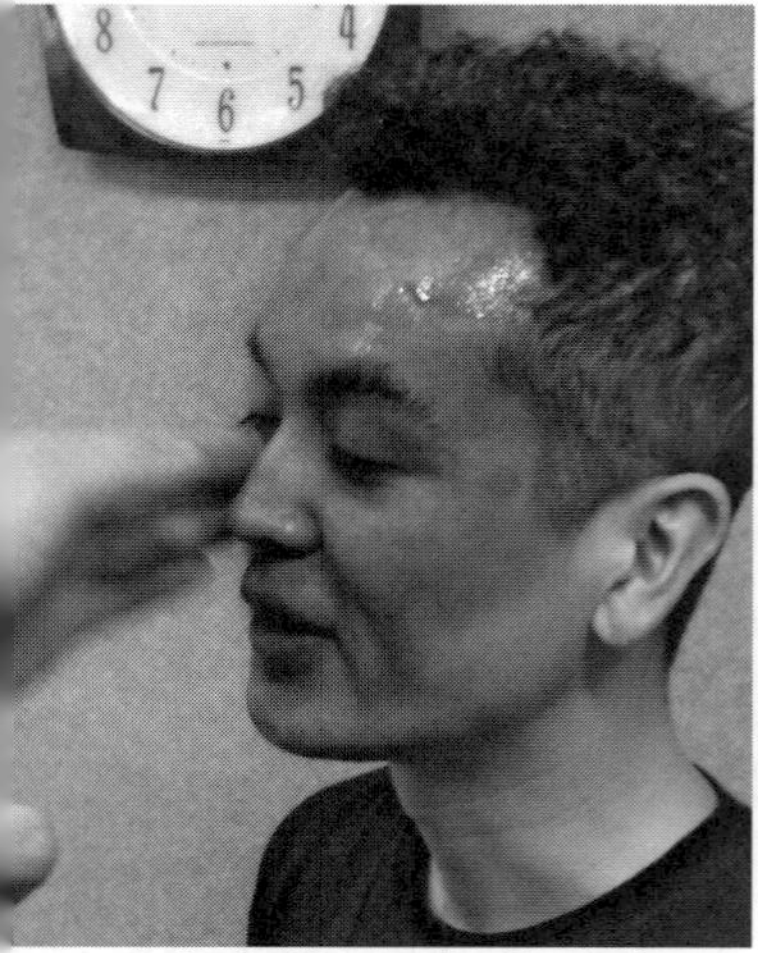

色黒じゃなきゃな

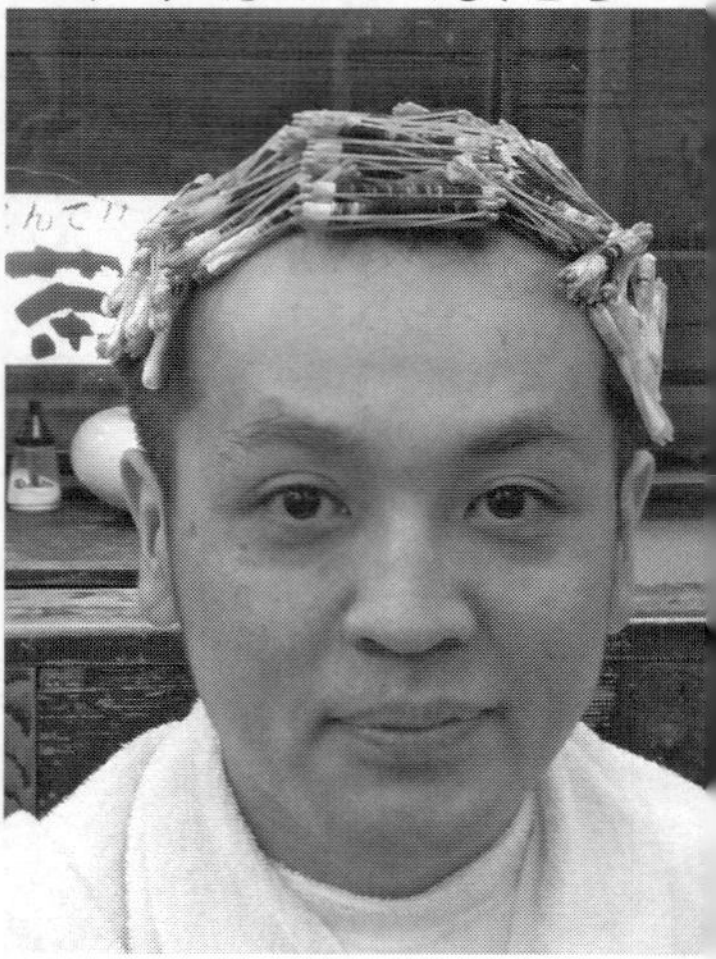

パンチがいいんだろ

若者の街に出よう

オラオラは若者にモテる人種だから、銀座や巣鴨じゃ話になんない。茨城からやってきたヤンチャなあんちゃんと勘違いされる。向かうはやっぱり渋谷だ。

平日昼、渋谷駅前は、いつものように若者で溢れていた。いるよいるよ、若いオラオラ連中が。眉間にシワを寄せたりして、コワっ。って何ビビってんだ、オレ。自分もオラオラなのに。

精神もオラオラに入れ替えて、目の前のギャルにロックオン。こーゆータイプ、普段ならひるんじゃうけど、今日のオレは違う。街を闊歩する黒ヒョウだもん。いざ声かけだ。

「おい、どこ行くんだよ」

うっわっ、すごい言葉遣いしちゃった

よ。でもオラオラはこうじゃなきゃいけない。こうじゃなきゃモテない。

「なあ、どこ行くんだって」

「……」

あら、無視するのね。緊張したのかな。んじゃ、今度は花壇に座ってアイスを食ってる2人組だ。

「おい、寒いモン食ってんな」

「別に」

「いやいや寒いだろ」

「普通だし」

2人は互いに目配せをしあい「こいつオカシクね?」みたいに首をかしげあった。

ふーん、そうくるか。寒いもん食ってるくせに生意気な態度だな、おら。なんだよ、逃げるのかよ、おら。おいおい走るのかよ、おら…。

もうちょっと強そうにしたほうがいいかも。そうだ、左手で右コブシをパチパチ叩きながら声をかけるってのはどうだろ。格闘家っぽくね?

チケットショップの前にいるミニスカ女、あれ行ってみよう。

「おいおい、どれ買おうとしてたんだ、オラ」

「……」

「こっちのほうが面白いだろ」

「でも、こっちも良さそうだし」

あら、会話始まっちゃった。

「どっちでもいいんじゃない？ 何なら一緒に行ってあげてもいいし」

口が勝手に弱いこと言い出しちゃった。いかんいかん。あらためて胸をそらして腕組みし、オラオラアピールだ。

「まあ一緒に行ってやるわ。チケット2枚買って来いよ」

「ほんっと、すいません。あっち行って」

やっぱりクラブがいいのでは

クラブですよ。オラオラ好きな女ってのはクラブに集まるんです。で、悪そうな男とか危ないクスリとかに憧れてるんです。

夜、渋谷のクラブに出かけたオレは、さっそくフロアを歩き回ってみた。他にもオラオラたちがたくさんいるが、オレよりも派手なやつはいない。さすがヒョウ柄と軍パンだ。

右手のコブシをパシパシ叩きながら女の子に声をかけてみる。

「おいおい、1人で寂しく踊ってんじゃねーよ」

「えっ？」

「どうなんだよ、おら」

何が「どうなんだよ」なのか自分でもわからない。だから彼女もわかってない。友達のほうに逃げてしまった。

次は女子4人組へ。

「おいこら、ハイタッチだ！」

ポーンポーンとハイタッチは成功した。

「4人で何をしゃべってたんだ。聞かせてみ、オラ」

「何なの？」

「何なのじゃねーよ、オラ」

「もう、そんなオラオラ言ってないで、お前飲めよ、オラ」

出た、オラ返し！　そんな技があったなんて。

「よし、飲め飲め、オラ」

4人はさんざんオレを小馬鹿にしてどこかへ消えてしまった。

そろそろ下半身がムズってきたよ

ここんとこテレクラが盛り返してると聞く。ったく、エンコー女ばっかのクセしてよ。行ってやるよ、下半身ムラムラしてきたからな、オラ。

というわけでリンリンハウスの個室へ。すぐにコールがつながった。

「何歳ですかぁ」

「32だよ、オメーは?」

ガチャリ。

「そっちはどういう人?」

「まず自分から言えよ、オラ」

ガチャリ。

わかってる。声だけのテレクラだとオラオラは通じない。た

だの怖いＳＭ好きの変人と思われる。

だから不本意ながら、アポまでは丁寧な好青年でいよう。オラオラになるのは会ってからだ。

「もしもし～」

「もしもし、こんにちは。今日はどんな目的なのかな」

「ワリキリとかぁ」

「うん、いいよ。いくら欲しいの？」

「1でいいけど」

安いな、おら。買うぞ、おら。

「胸はGだけど体は細い」という自己申告を聞き、さらに購買意欲は増した。

アポ場所へゴー！

待ち合わせ場所にいたのは、ポチャだった。なんじゃこりゃ。オラオラ魂がふつふつと燃えたぎる。

「おいこら、お前、ポチャってんだろ。ダマしてんじゃねーよ」

「…おっぱいは大きいよ」

「腹の話をしてんだよ。1とかねーから。5千ね」

「え？」

「5千。ほら早く行くぞ」

有無を言わさず歩き出すと、彼女は後ろをついてきた。

到着したのはボロいレンタルルームだ。1時間千円か。

「ここの代金、お前が持てよ」

「えっ」

「えっじゃねーよ。部屋代なんか女が持つもんだろが」

彼女は黙ったままだ。へぇ、いいんだ。

部屋に入って一緒にシャワーを浴びる。おいポチャ、なに笑ってんだよ、おら。

我が身を見て理由がわかった。ファンデーションを顔と首にしか塗ってなかったので、胸との境がクッキリ出ていたのだ。

くぅ〜。ヤバイ。しかし、今さらこちらも引けないっての。

「おいこら、笑ってないでちゃんと洗えよ」

「うん」

「おい、ケツの穴舐めろ、こら」

「はーい」

けっこう使えるじゃん。

でもやっぱり結婚相手が欲しい

エンコーが半額になったからって喜んでちゃいけない。アナル舐めで満足してたら、全国のオラオラボーイが会社に殴り込んでくるだろう。

目標は大きく持ちたい。オレの憧れ、結婚だ。

オラオラで知り合ったらそのまま結婚生活もダンナ上位で進むはずなので、

亭主関白を理想とするオレには好都合ではあるまいか。

参加します、婚活バスツアー。丸々一日、オラオラを見せつけてやれば必ず誰かなびくって！

新宿西口、午前7時半。バス乗り場には20人ほどの男女が集まっていた。10対10で山梨県を観光するツアーだ。

番号札10番を受け取り、車内へ。オレの席の横にはすでに女子が1人すわってる。なかなかカワイイじゃん。

堂々と座席にすわり、大げさに脚を組む。

「なに緊張してんだよ」

言っちゃった。婚活してる女子に言っちゃった。

「そりゃするでしょ！」

キツめの口調が返ってくる。

「緊張なんかしなくていいんだよ、こんなの」

「……」

「どっから来たん？」

高い参加費を払って寝たフリするしかないかわいそうな女子

「世田谷です…」

「いいとこ住んでんじゃんお前」

彼女はうつむいてしまった。バスが発車してもずっと寝たフリ。あららら。

バス車内で回転寿司タイムが始まった。男がひとつずつ席を移動して、隣の女子と5分ずつ自己紹介する寸法だ。

「オレ、セントウってんだけど、お前は？」

「高橋です。スポーティーな恰好ですね」

これはスポーティーってんじゃないの。オラオラなの。ズレてるよお前。

はい次。

「ういっす、名前は？」

「宮田です。なんか派手ですね」

派手の一言で片付けられちゃ困るんだよ。わかってねーな。

女10人としゃべり終えたころ、最初のオリエンテーションスポットに到着した。男女6人の班になって紙細工を作るんだと。楽しそ〜。いやいや、そん

目立ったことは確かだぜ

な女子供の遊びにきゃっきゃしてたらオラオラがすたる。気を引き締めないと。

「お前、班長やれば?」

同じ班になったムサい男にそう言うと、班員の空気が凍った。みんな腫れ物に触るような態度だ。ったく、お前らそんなだからこんな場所で結婚相手探すハメになんだよ(我を見ず)。

二度目のオリエンテーションは、パワースポットの浅間神社だ。くじ引きで班長になったオレは連中を仕切りまくる。

「早くついてこい」

「そこで写真撮れ」

みんな黙って従った。

その後、似たような三度のオリエンテーションを重ね、帰りのバスで今日いちばん気に入った人を書き込むようにと指示があった。

正直、誰だっていい。隣に座ってるこの三十路女にしとくか。

「オレ、お前の番号書いたから、お前も書けよ」

「あ、はぁ」

カップル成立の発表は、新宿に着いてからだった。

「本日は2組がカップルになりました。男性7番と女性2番。男性10番と女性6番!」

男性10番ってオレじゃん。三十路ちゃん、ほんとに書いてくれたのね!

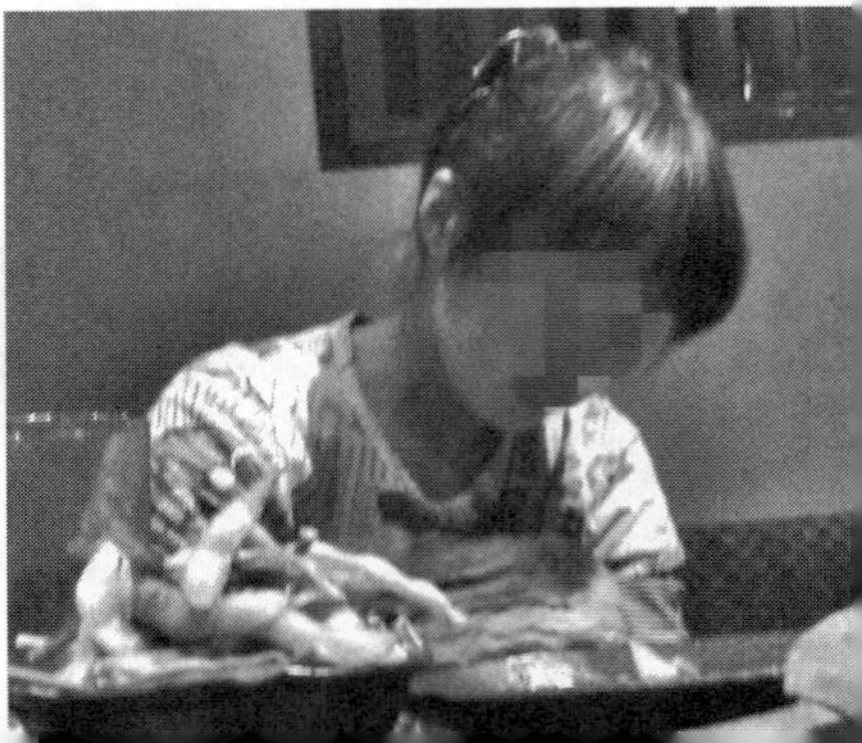

彼女なら、連絡よこせオラッ!

どうせウマクいくわけないと決めつけていた、意地悪な読者諸君よ。どうだ、右の写真の子が、ツアー後の居酒屋で撮影したオレの新たな彼女だ。どうしてこんな写真しかないのかって？聞きたいか。あのな、この晩メール送ったのに、返事がないんだよ、おら！

『裏モノJAPAN』2011年4月号掲載

あれから……

『裏モノJAPAN』にこのリポートを掲載した直後、何となく期待していた。オラオラ系メディア（『ソウルジャパン』や『ザ・ワン』といったあたりの雑誌。現在廃刊）が興味を持ち、オレに取材依頼をしてくるのでは、と。なもんで、次のようなテレクラ企画をいろいろ考えて待っていた。

〈テレクラ女にモテる。完全無欠の悪羅悪羅ファッション！〉
〈オラオラ系テレクラコールの取り方！〉
〈オレたちオラオラが、テレクラ界を黒で塗りつぶす！〉

ところが、一メディアからも連絡はなかった。オラオラ系メディアの関係者さま、現在でもテレクラでオラオラは有効だと思いますよ。オレ、いつでも動けますんで。パンチを当てる心構えもできてますんで。

東大生とセックスするための またとない秘策

やった、東大に受かった！キミも？よし、エッチしよう！

オレが籍を置く『裏モノJAPAN』の定例会議は、いつもいつもムダ話ばかりを8時間ほど続けるのが恒例なのだが、2月下旬のその日も、バカ話の途中で誰かがこんなことをつぶやいた。

「今までヤッた女の大学名を挙げてみよっか」

編集部6人が順々に名を挙げていく。早稲田、慶応、青山、立教、明治、法政といった有名どころから、富士短大、東京家政などの無名大まで。みんな、なかなか頑張ってらっしゃる。

しかし大事な名前がなかなか出てこない。

「東大って誰もいないの?」

みな、無言になった。日本中の秀才が集う東大生には、かつて誰もお相手してもらっていないのだ。

オレは桜美林大学という、名だけはあるが実のない学校を卒業している。偏差値だと50とか。在学中も卒業後も、東大生との接点などまったくなかった。今後もないと思う。

学歴コンプレックスの裏返しか、はたまたさらにその裏返しか、東大の女子をヒーヒー言わせたい願望は、確かになくはない。でもどうすれば?

難関を突破した者同士は意気投合できる

じっくり考えた。じっくり。さらにじっくり。そうだ、こっちも東大生になればいいのでは?

桜美林みたいな顔して生きてりゃ相手してくれないけど、東大生なら東大の女子も安心すんじゃん。

といっても今や偏差値40くらいになったオレでは、ヤフー知恵袋でカンニングしても合格はかなわない。

だからこうする。

東大の合格発表会場でガッツポーズして大げさに喜び、合格したことを周囲にアピールし、同じく合格して舞い上がってる女の子に声をかけるってのはどうだ。同じ難関を突破した者同士、意気投合するのはカンタンな気がするのだが。祝杯でも上げれば、そのバージン(たぶんね)をいただけるのでは。

我ながらナイスアイデアだと思ったのだが、まわりに意見をうかがったところ、全員が全員にこう言われた。

鏡を見ろ。そして、目の前のバカ面のオッサンが、東大に合格しそうか考えてみろ。受かったなんて言われても、誰も信用するわけないだろうと。失礼極まりない話だが、一理ある。身なりは整えたほうがいいかもしれない。

ならば学ランはどうだ。合格発表の場に学ランがいれば、どこから見ても現役合格生、超秀才クンだ。

さっそく学ランをレンタルし、さらに秀才っぽくズボンの丈を短く修正。白いスニーカーに白靴下、100均のメガネ、制帽をかぶればできあがりだ。

鏡の前に立ってみた。うん、いるいる、秀才ってこんな感じだよ。

「ああああ、あったあった！　よっしゃー！　受かったー！」

３月10日。東大合格発表の日がやってきた。発表の昼１時を待ちきれず、赤門あたりをうろちょろする。

と、周りから妙な声が聞こえてきた。

「あの人、希少種だよね」

「キテレツ大百科のべんぞうさんみたい」

「てか、何であんなにズボン短いの」

ったく、秀才センスについていけない偏差値30の通行人が好き勝手ほざきやがって。お前たち、オレが大臣になったらすぐに仕分けしてやる。

キャンパス内はすごい賑わいだった。応援団やブラスバンドが会場を盛り上げ、食いモンや東大グッズ、試験問題を売る露店まで出ている。まるでお祭りだ。

さすが東大というか、特に理系の発表

どう見たって現役合格者だ！

掲示板の前には、見るからに頭の良さそうな男子連中がウヨウヨいた。

　文系のほうは、女子もパラパラいる。狙うならこっちか。化粧っ気がなく、ぶっちゃけカワイクないけど、東大生はこの段階で青田買いしておかないとな。

　よーし、じゃあ行くぜ! 掲示板の前に突進だ!

「あぁぁぁ、あったあった! よっしゃー! 受かったー!」

　思い切りガッツポーズを決めて、そのままジャンプ。おりゃー!

　次の瞬間、大男たちに取り囲まれた。アメフトサークルの連中だ。

「合格おめでとう! わっしょい、わっしょい」


よっしゃ、受かった!

下ろせー

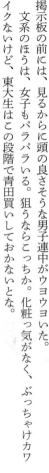

うわわわ、いらんことすんな。オレは女を探しに来たんだから。下ろせ、下ろせ。

はぁ、まったく迷惑な連中だぜ。

おっと、そこにいるのは合格女子ちゃんじゃないか？

「受かった？」

「…あ、はい」

「おめでとう。ぼくもだよ。ピースピース」

「ははは っ」

彼女はニコニコと笑った。が、すぐにくるりときびすを返し、友達のほうに向かう。だよね、友達と喜びあったほうがいいよね。

まずはこの場で母親公認の仲になって

うろちょろするだけでは、ただのべんぞうサンなので、合格者だとは思われない。オレは何度も掲示板前に向かっては、ガッツポーズを繰り返し、近くの女子に声をかけた。

キミも受かったの？

しかしこれがなかなか意気投合に至らない。

例えば、

「ぼくも文Ⅲ受かったんですよ」

「そうなんですか」

「一緒に記念写真撮りませんか」

「…え、そんないいですよ」

例えば、

「おめでとー。握手握手」

「……あ、いやいいですから」

どの子もオレと一緒にいるのが恥ずかしそうな感じで立ち去ってしまうのだ。

男慣れしてないんですね。恋愛なんてしてこなかったんですね。青春時代、学校と代ゼミとZ会しか知らなきゃこうなるか。

ならば今度は親子連れを狙ってみよう。けっこう多いのだ、母親と一緒に来てる子が。過保護かよ。

もちろん親子丼なんて大それた狙いはない。まずはこの場で母親公認の仲になって、入学後に娘さんのバージンをいただいちゃう作戦だ。


ぼくも母が喜んでまして〜

狙いを定めた母子の横で、オレは携帯を取り出した。

「受かった受かったよ。そうだよ、お母さん、やったよ！」

一芝居打ったあと、母親に会釈する。

「あ、娘さん、合格されたんですか」

「はい、そうですが」

「ぼくも母親がすごく応援してくれたんで、いま電話したとこなんです」

母親はこっちをジーっと見てる。汚らわしいものでも見るような目で。

「春からは、娘さんと同級生になりますので…」

「いいですから！」

娘に近付こうとしたオレを、母親は手で払いのけた。

1億3千万の国民も騙してしまった

できることは全部やっておこう。今度は、田舎の高校生という設定だ。田舎者ならウサン臭さが薄れるはず！

ちょうど女の子がいた。オレの出身、高知の方言で声をかける。

「おまんも、受かったがかえ？」

彼女はぎょっとした顔で振り返った。

わしも受かったがって

「わしも受かったがって」

「…そうなんですか」

「ゆーたら、高知から出てきたがやけど」

「そうなんですか」

「せっかくやき、一緒に学校でも見てまわらんかえ？」

「…いやあ、ちょっと」

「それやったら、茶ぁーでも飲まんかえ？」

「…ちょっと、用事が」

彼女はあとずさりしていった。何をビビってんの。田舎の純朴なガリ勉クンに。

トントンと後ろから肩を叩かれた。テレビ局の取材スタッフだ。

「朝ズバですけど、合格者の方ですか？」

「はい。そうですが」

「菅政権について、ご意見を伺いたいのですが」

「はい。えっと、んーっと…」

1億3千万の国民を騙してしまった。オレのテレビでの姿に憧れて東大を目指し始めた受験生よ、すまん。

こいつが合格者に見える TVクルーもどうしたものか

浪人生なら今晩モノにしてもいい

目の前に女の子を見つけた。口に手を当て、目を潤ませ、何度もうんうんとうなずいてる。

そうか、そうだったのか。最初からこういう子を狙わなきゃダメじゃないか。感激してるんだから誰かと喜びを分かち合いたいに決まってるじゃん。

「合格したの？」

肩に手をのばすと、彼女はコクリとうなずいた。

「そんな感じがしてさ。おめでとう」

「ありがとうございます」

「実はぼくも通ったんだ。文Ⅱなんだけどね」

「あ、私もです」

大丈夫か？　文Ⅱでボロは出ないか？　文Ⅰにしておくべきだったかな。

「いやー、そうなんだ。春から同級生だね」

「はいっ！」

「せっかくだから、ちょっと座ってしゃべろっか」

お前が建設的に動け
（翌朝放送「朝ズバッ！」より）

「はい」

　とりあえず赤門の真ん前にある喫茶店に入った。

　彼女は埼玉の進学校出身の一浪生で、去年、せっかく早稲田に受かったのに浪人したんだと。相当、意志が強いんだろう。手強い秀才だ。

　だがオレは逆にチャンスとみた。現役生ならば厳密には3月いっぱいまで高校生なので、うかつに手出しできないが、浪人生なら今晩すぐモノにしちゃってもいいんだもん！

　受験ネタはボロが出そうなので、地元の高知の話題で夜までの時間を稼ぐとしよう。日が暮れたら祝杯を上げるのだ。

　話の途中でツッコミが入った。

「どうして制服なんですか？」

　浪人生と現役生。彼女のほうが年上ということで話は進んでいるはずなのに、敬語なのはなぜか。なんか怪しんでるとか？

「うん、ぼくは合格するまでは高校生の気分でいたかったから」


合格したの？

「へぇ…」

顔が笑ってる。無事に切り抜けたと思いたい。じゃあ次はオレが核心を衝く番だ。

「恋愛とかどうなの？」

彼女があからさまにビックリした。ガリ勉野郎が、恋バナを切り出すとは予想外だったのか。

「カレシはいないですよ」

ほい来た。

「どんなタイプが好きなの」

「オシャレな人が好きかな」

春から東大生なのに、将来は日本を背負って立つ人物だろうに、まったく気遣いのできない子だ。丈の短いズボンをはいたこのオレの前で、「オシャレ」なんて禁句だろ！

メアド交換すらかなわず、合格発表の一日は終わった。編集部のヤッた大学ノートに、東大の文字はまだない。


『裏モノJAPAN』２０１１年5月号掲載

彼女にとっては最悪の東大デビューとなった

あれから

翌日の午前中。自宅でゴロゴロしていると、友人知人からの罵詈雑言メールがガンガン届いた。

「朝ズバ見てて、お茶吹いた！」

「何なの、朝ズバのやつ！　せんとう、狂ったの？」

「地元の恥なんで、高知には二度と戻って来ないようにｗ」

凡人どもが好き勝手ホザきやがってと思いながらも、テレビに出れたことで気分がよくなっていたオレは、昼過ぎ、いま一度、学ランを羽織って制帽もかぶり、姿見の前で悦に入っていた。そして時刻は、2011年3月11日、午後2時46分——。

東日本大震災発生。

この世の終わりのような強い縦揺れに慌てふためいたオレは、べんぞうさんスタイルのまま部屋を飛び出し、通りで映画プラトーンのように天を仰いで声にならない声をあげた。

近所のみなさん、その節は、何か不謹慎な騒ぎ方しちゃって、本当に失礼しました。

サブリミナルで女の股間を濡らせ

映画のフィルムの１コマ。わずか３０００分の１秒のコマに、「ポップコーンを食べろ」のメッセージをはさんでおいたら、その日の映画館のポップコーンの売り上げがグンと上がった。って話は聞いたことがあると思う。コカ・コーラのバージョンもあったような。サブリミナル効果というらしい。人の潜在意識にはたらきかけ、無意識のまま行動に走らせてしまうとかなんとか言われている。日本のテレビ局ではサブリミナルの手法は禁止されてるほどだから、よっぽど効果があるんだろう。

これナンパに使えますよね？　路上を歩く女性にサブリミナルを仕掛ける戦法で。ピンと来ないだろうか。女性がムラムラきそうな刺激をさりげなく、実にさりげなく、視覚、聴覚、嗅覚などすべてに与えていけば、本人の気づかぬうちにアソコが濡れてしまい男が欲しくなってくる、そういうことです。

まだわからない？　もう、それじゃ実際に見てくれ！

サブリミナル軍団

GW明けの金曜日。昼下がりの新宿に6人の男が集まってくれた。彼らが本日のサブリミナル軍団だ。紹介しよう。

①ムキムキマン

女という生き物はマッチョ男に欲情する。彼のミッションは、路上で筋肉を見せつけるだけだ。

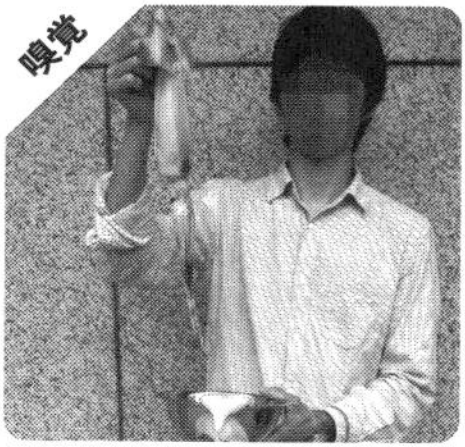

② イカ男

精液臭を放つために、半分腐ったイカを手に持って歩いてもらう。

③モッコリ君

男が巨乳を見て興奮するように、女もデカチンには目がない。股間が目立つような体操がベストだろう。

④ Y談ズ

「クンニ好き?」「好き好き。口の中でクリがだんだん固くなるのが最高」みたいなトークを聞こえよがしにしてもらおう。

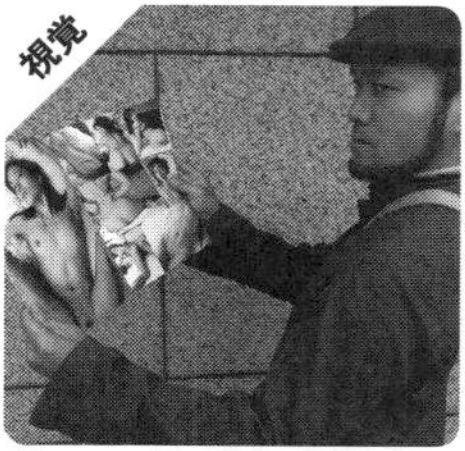

⑤エロ本マン(和田虫象)

道行く女の前で、エロ本を堂々と広げるのが彼の任務だ。

⑥ 仙頭正教

リーダーとして一番重要なポジションを担う。サブリミナルでヘロヘロの女を、最後にキッチリ仕留める役だ。

スタート

オレたち7人は新宿駅西口の地下通路に移動し、各メンバーが50メートルほどの間隔を空けて並んだ。順番は①ムキムキマン②イカ男③モッコリ君④Y談ズ⑤エロ本マン⑥仙頭。最初はおだやかに、徐々にストレートなエロスで刺激する作戦である。

新人っぽいOL

スタート
今日も
元気いっぱい
だぜ

このイカ
どう料理
すっかなぁ

おいっちに
おいっちに!

いかにも真面目そうなOLを人知れずヌレヌレにさせてしまうところが、サブリミナルのすごさだ。もはやストッキングの根っこでは蒸気が上がってるぞ。と信じて声をかける。

「お仕事帰り？」

「…いや仕事中です」

ふっ、仕事中に濡らしちゃうなんて、キミも女だね。

「ひょっとして早退したい気分？」

「…いえ」

「そんな恥ずかしがら…」

喋り終わる前に、彼女はサッカー選手のようなフットワークで人混みに消え去った。

イカ男の頑張りが光った。真横で精液臭をまき散らしたのだ。効果は高いはず。だんだんバッグの持ち方がだらしなくなってるあたり、体の力が抜けたな。腰くだけ寸前か。

うつむき加減のOL

「はい、どうも！」

「え……」

「お仕事中かな？」

「…そうです」

「じゃあ、ぼくと商談でもしましょうか」

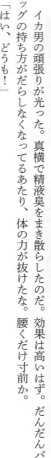

「結構です」

冗談冗談、今そんな固い話はしたくないよね。

「じゃあ、普通の商談じゃなくてエロい商談をしよう」

「結構です」

「じゃあ、ただのエロ話を」

カバンを肩にかけ直し、足早に去っていった。濡れてるくせに！

颯爽と歩くOL

オレの落胆を見てかY談ズが頑張ってくれた。

「クリとアナルとマンコを同時に攻めたんだけどさ」

「3点攻めかよ！」

「マンコから汁がめっちゃ出てきたから、全部チューチュー吸ってやったよ」

他の通行人が振り返るほどの大声でカマしたのだ。ありがとう、Y談ズ。お前らの努力、無駄にはしないぜ。

「こんに…」

瞬時に逃げられた。

BIC CAMERA
パワー全開!
スタート
やっぱり
刺身かな
アキレス腱も
伸ばして

この通路は仕事中のＯＬが多いので場所を変更しよう。いくら濡れてても、仕事をさぼるわけにはいかんのだろう。次は大きめの歩道橋が舞台だ。

エロ本マンとＹ談ズが彼女に避けられたため、効果のほどが心配だ。エロス度合いの強いツートップなのに。しょうがない。前半３人のパワーに期待しよう。

ヒマそうな学生風

「今、帰るとこ？」

「…まあ」

「じゃあ、駅まで一緒に歩こうよ。２時間くらいかけて」

「ははっ。無理だし」

「大学生かな？」

「そうですよ」

会話がつながった。これから京王線の改札に妹を迎えに行って買い物に付き合うのだと。あのね、そんなムラムラ状態で妹さんに会っていいのかな？　姉としてそのふしだらさはどうなのかな？

「すいません、もう妹が来るんで」

「じゃあ、メアドだけでも交換しとこうよ」

「いや私、メールしないんで」

ちくしょー、姉妹そろってオナニーでもしてろ！

スタート
腋から
フェロモン
攻撃

それにしても
どう食うべきか…

股関節も
伸ばしてと

誰かに通報されたのか、イカ男が警備員に注意されてしまったので、再び場所を移動した。

駅近くのショッピングモールだ。

幅の狭い通路なので、軍団はかなりの接近戦でターゲットを狙い撃ちしてくれた。

駅構内で話しかける。

「オシャレさんですね」

「……」

返事はないが、笑顔である。

休日のOL風

「春らしくていいね。白いショートパンツとか」

「…どうも」

「今日はこれから一人で買い物とか？」

「いやちょっと仕事が」

そんなカッコで仕事かよ。股間濡らして出勤なんて許されんのか。

「じゃあ、せっかくだしメアドだけ交換しようよ」

「あ、別に…はい」

やっとここまで来た。軍団よ、頼りないお前たちだけど、やればできるじゃないか。

と言っても、まだ結果を出せたとは言えない。ようやく五合目だ。軍団と解散した夕方、オレは生脚ネーさんにすぐさまメールした。

〈さっきはども。こちら急に夜の予定が空いちゃいまして。よかったらメシでもどうですか？〉

返事はなかなかこなかった。もう愛液も乾燥してしまったのか。と思ったら8時過ぎに着信が。

〈軽くならいいですけど〉

わお、まだ乾燥してなかったのね！

夜9時。あまり乗り気じゃなさそうな顔で、彼女は自宅の最寄り駅に戻ってきた。待ち合わせ場所が職場の新宿じゃないのは、部屋に入れてくれるって意味？　メシ食うならフツー新宿でしょ。

いやしかし、メシなんか食っていいんだろうか。時間が経てば経つほどサブリミナル効果は薄れちまうぞ。どうせもう濡れてんだから、さっさとイチャついたほうがいいんじゃ？

「オレまだ腹減ってないから、軽く散歩でもしない？」

「ああ、そうですか…」

気のない返事である。散歩じゃなくて部屋に来て、指を2、3本入れてかき回してくれってか。

はしたないこと言うんじゃありません！

「……」

彼女はずっと無言だった。生脚を誉めてやっても、公園のベンチに座っても。何しに来たんだ？

「あの、セントウさんでしたっけ？」

「うん、マー君って呼んでいいよ」

「ビジネスとか興味あります？」

「ん、どういうこと？」

そこからの説明はさっぱりわからなかった。理解できたのはただ一つ、仕事には人脈が大切だって部分だけど……おい、それって何かの勧誘じゃねーの？

「うん、それも興味あるけど、今日はアヤちゃんだっけ？　君だけに興味があるんだ」

本気で逃げられてしまった………

「はぁ、そうですか。あ、そろそろ帰らないと…」

あわてて肩を抱いてキスしようとするオレの手は、無残に振り払われた。

『裏モノJAPAN』2011年7月号掲載

あれから……

作戦は悪くなかったと思う。しかし、5パターンでは少なかったかもしれない。10パターンくらいはやるべきだったか。

それにしても、アヤシイ勧誘女ってのは迷惑な連中である。この作戦以外でも遭遇したことが何度もあるし。

今夏も1回あった。あと一歩でオリンピック行きを逃した陸上代表候補選手のフリをし、町で女に泣きながら声をかけ、同情心をくすぐってナンパするという企画で、マルチの女が食い付いてきたのだ。「スゴイ先輩に会ってみない？」なんて誘ってきたっけ。うざいっつーの。

いつか、ヤツらアヤシイ勧誘女たちを逆に喰い返す作戦を立てたいものだ。

金満日記をばらまいて欲ボケ女を釣り上げる!

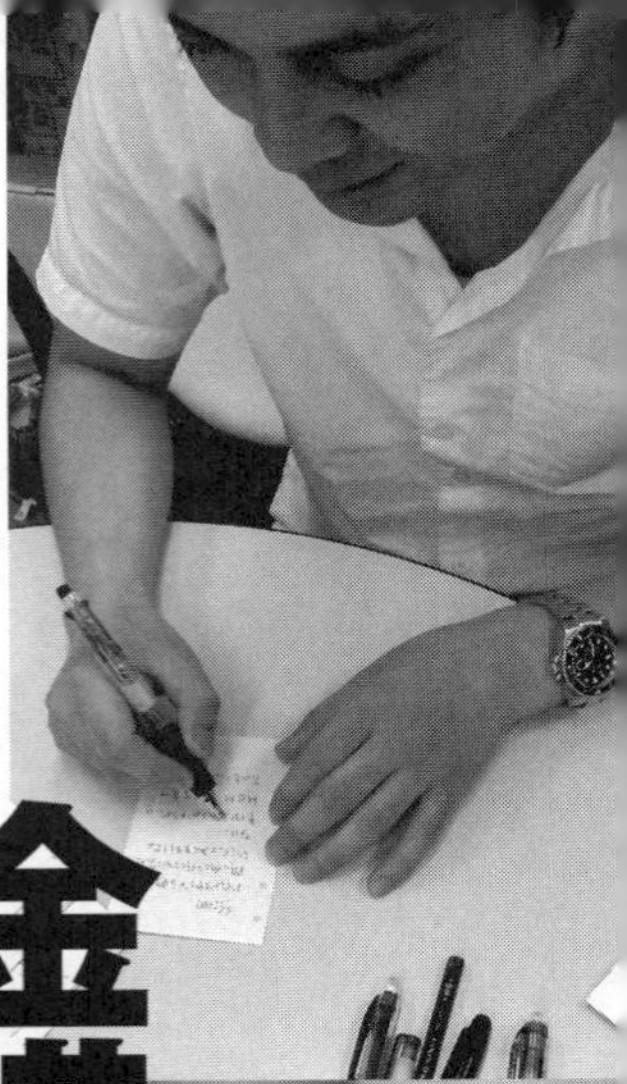

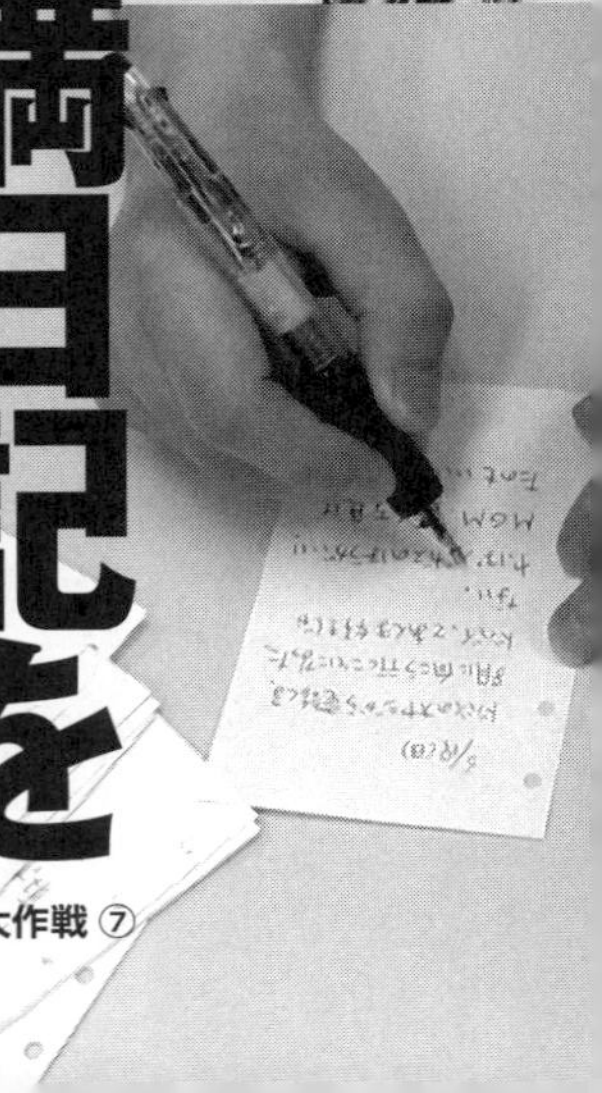

本来なら編集後記あたりに書くべきことだが、本ルポの頭にプライベートな出来事を記そう。

春の裏モノ企画で知り合った、飛騨のOLにフラれた。

酔っぱらった勢いを借り、

「結婚しよう。仕事は辞めるからそっちで暮らそう!」

とプロポーズしたところ、やんわりと断られ、後日、文通好きの彼女らしく、お別れの手紙を送ってきたのだ。

男マサノリ32歳、失恋の痛手に負けず、強く強く生きていきます。

なもんだから、女が欲しい。すごく欲しい。この夏は、誰かといちゃついて過ごしたい！

で、最近の女どもの動向をチェックしたわけだが、あいつら、やっぱり金持ちに弱いと見た。イイ女を連れて歩いてるのは、いつも金持ってそうな男だ（歌舞伎町調べ）。

カネはないけど金持ちを装うには？　失恋ショックを引きずりながら部屋の天井をながめてると、フトひらめいた。

金満日記を大量に作って、町に落としまくるのはどうだろう。日記を拾った人間は、悪いこととは知りつつも、中を覗くもの。と、書いてあるのは、金持ちライフの日々ばかり。ということはこの連絡先に「拾いましたよ」と電話すれば、お金持ちと知り合いになれちゃう！

女なんてゲンキンなもの（飛騨の元カノは除く）。人生を左右する大チャンスをみすみす逃すはずがない。

日記を書こう

では日記を書こう。

1ページに1日ずつ。どこをめくっても、一読して金持ちとわかる

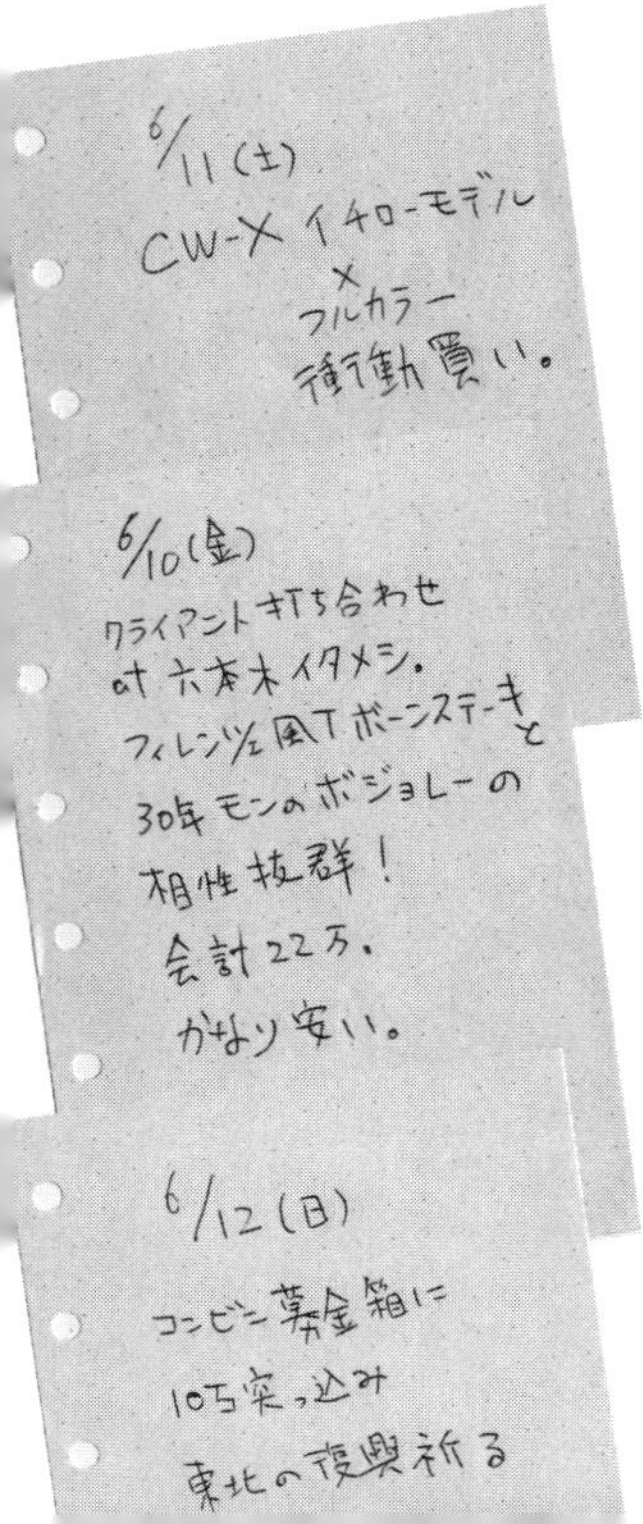
6/11(土)
CW-X イチローモデル × フルカラー
衝動買い。
6/10(金)
クライアント打ち合わせ
at 六本木イタメシ。
フィレンツェ風Tボーンステーキと
30年モンのボジョレーの
相性抜群！
会計22万。
かなり安い。
6/12(日)
コンビニ募金箱に
10万突っ込み
東北の復興祈る

よう、派手なライフスタイルを記す。

この日は１００万ぐらい使ったことにしとくか。この日は億いっとくか。いや、億はやりすぎかな。２千万ぐらいにしとこ。

6月24日にさりげなく釣り針を仕込んでおいた。これにより、落とし物を拾ってくれた女性に対してもばんばん浪費する男だと理解してくれるだろう。

この日記をまとめた手帳を、手書き風の特殊印刷で50部作り、それぞれの裏カバーに連絡先（名前、電話番号、メアド）を書いて準備完了だ。

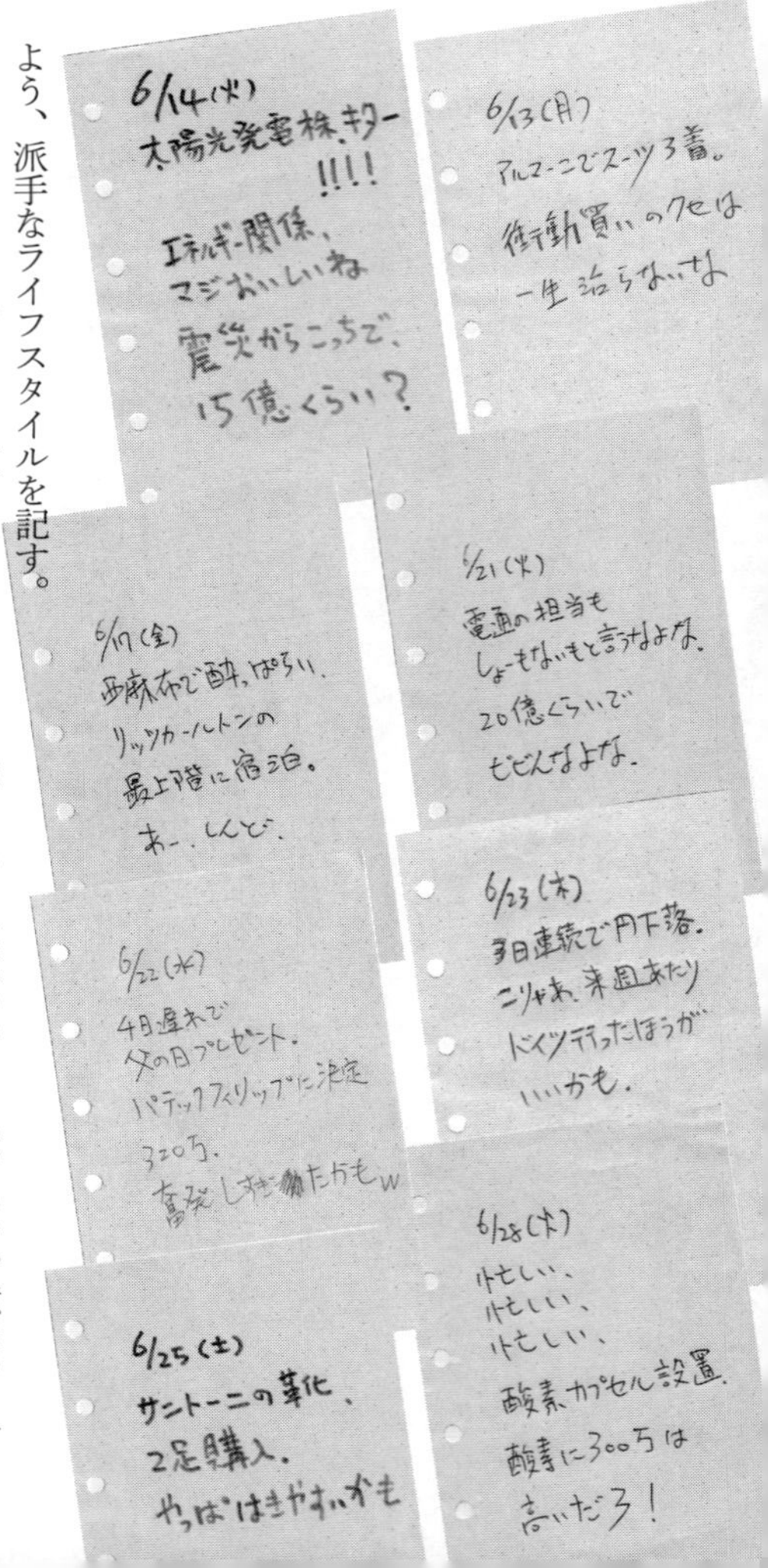
6/13（月）
アルマーニでスーツ3着。
衝動買いのクセは
一生治らないな
6/14（火）
太陽光発電株キター
!!!!
エネルギー関係、
マジおいしいね
震災からこっちで、
15億くらい？
6/21（火）
電通の担当も
しょーもないこと言うよな。
20億くらいで
ビビんなよな。
6/17（金）
西麻布で酔っぱらい。
リッツカールトンの
最上階に宿泊。
あー、しんど。
6/23（木）
3日連続で円下落。
こりゃあ来週あたり
ドイツ行ったほうが
いいかも。
6/22（水）
4日遅れで
父の日プレゼント。
パテックフィリップに決定
320万。
奮発しすぎたかもw
6/28（火）
忙しい、
忙しい、
忙しい、
酸素カプセル設置。
酸素に300万は
高いだろ！
6/25（土）
サントーニの革靴、
2足購入。
やっぱはきやすいかも

ばらまきに行こう

今回のシカケで釣り上げる魚は、金に弱い女である。日記を落とすのは、なるべく卑しい人間がいそうなエリアがいいだろう。

その他、渋谷109店内や駅のベンチなど、人通りの多い目立つ場所に50冊の日記帳をばらまいた。さあ連絡してこいよ、欲ボケ女ども！

パチンコ屋

ギャンブルで一攫千金を狙うような女にとって、この日記帳は確変以上の大当たりのはず

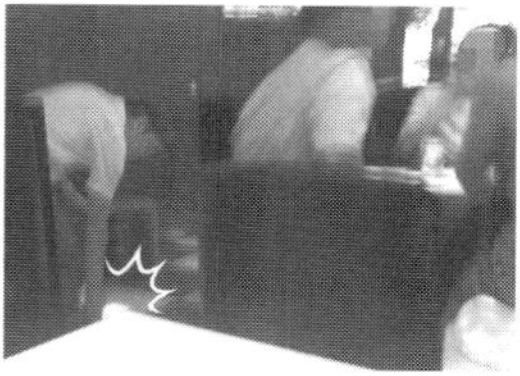

キャバクラ

キャバ嬢ってのは銭ゲバで、男にタカりたがる人種であることをオレは知っている

銀座のクラブ前

ホステスの夢は社長さんにおねだりして自分の店を持つこと。つまり見てるのはカネのみ。飲みに行くとバカ高なので、ヤツらの出勤を狙って店の入り口に落とした

100円ショップ

ビンボーさん御用達スポットは外せない

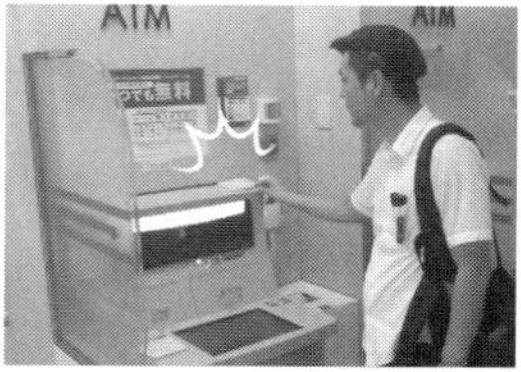

キャッシングATM

借金のためのATMである。女性利用者が多い信販系を選んだ

本屋のビジネス書コーナー

「年収1億円思考」という、いかにも成り上がりたがりが読みそうな本の上へ

都営住宅

この都営住宅の入居資格は低所得者のみ。金に困ってる女性が多そうだ

女子大周辺

何気に一番期待してる場所だ。夢みがちな女子学生がまんまと引っかかるのでは

誰が拾ってくれたかな

番号を書いておいたためか、まき始めた当日からオレのケータイはピロピロ鳴りだした。

①紀伊國屋で手帳を拾いました。なくされてませんか。4階に落ちてたんですけど…………なんで男なんだよ。わざわざ連絡してくんな！「あ、そ

渋谷駅周辺

若い女の子が多いのでとりあえず外せない

節約グッズ売場

風呂の水を洗濯機に使うポンプを買うようなケチが、反応しないわけがない

れもういらないんで」とぶしつけに電話を切った。

②セントウさんですか？ 今どこにいますか？……また男だった。渋谷で拾ったそうだ。もう家に帰ったので廃棄してくれと伝える。

③手帳落としてますよね？ 拾ったんですが。また連絡します……男の声で、留守電に伝言が残っていた。しばらくしてまたかかってきたので、捨ててくれるように頼む。

④もしもし〜。アルタの裏にある100円ショップです。これ何かな。手帳？ 日記みたいなのを落とされてますよね……女性だが、店に引き取りに行ったところでナンパの期待は薄い。廃棄をお願いする。

⑤東急ハンズ売場係員の●●と申します。セントウさんの手帳がフロアで見つかったんですが……店員は連絡してくるな。しかも男だし。「必要ないので捨ててください」

⑥渋谷警察です。あなたの名前が入った同じような手帳が5つも届いてんだけど？ とにかくさあ、取りにきてくれませんか……警察官は軽くイラついていた。引き取りに向かうと、「どういうことなの？」と呆れられる。何度も謝って帰ってくる。

⑦西武百貨店の警備係です。一昨日、ATMでセントウさんの手帳が落ちていました……
連絡が遅くなったことを深々と詫びられた。適当に捨ててくれと伝える。

⑧昭和女子大学です。手帳が構内に落ちていたのですが……なぜ女子大構内に落としていたのかについては追及されなかった。廃棄を希望。

⑨もしもし、目白警察です。セントウさんの手帳でしょうか、落とし物が上がっておりまして……また警察だ。同じ手帳が2つも届いたと呆れている。窓口で2、3人の警察官に嘲笑された。

⑩世田谷警察です。東急バスのほうからセントウさんの落とし物が回ってきておりまして……
……またかよ！　みんな、こんな日記わざわざ警察に届けるなっての！

目白警察……

渋谷警察……

⑪こちら四谷警察です。セントウさんですか。落とし物が上がってきてるのですが………面倒になり、取りに行くのもやめた。

⑫麹町警察署です。手帳の落とし物が上がっています…………
……放置。

さんざんな事態である。かけてくるのは、男か店員、そして警察ばかりだ。しかしその中で唯一、釣り針に引っかかった魚が。

⑬セントウさんですか？ 新宿で手帳拾ったんですけど………若い女の声だ！

さあ、だめ押しだ

「あ、どうもありがとうございます！ 困ってたんですよ」

「はい、あの、連絡先書いてあったんで」

「わざわざすみません。えーとどうしようかな」

「どうします？」

「もしよかったら、どこかで受け渡ししてもらいたいんですけど。すぐ向かいますので」

3度目なもんで
受け取り慣れてるわね
世田谷警察……

「あ、はい…」

日を置くと交番に届けられてしまう。急がねば。

新宿に向かいがてら、作戦を練る。

「お礼にお茶でも」の流れで喫茶店に入り、会話の中であらためてゆっくり金満ぶりをアピールするのはどうだ。ちょっとヤラシイだろうか。「昨日も200万使っちゃってさ」なんて台詞、引くだろうか。

ならばいっそのこと、お礼そのものを高級品にするのはどうだ。もちろん買いはしない。買ってあげるそぶりだけでも十分金持ちアピールはできる。うん、これでいこう。

待ち合わせ場所にいたのは、20代前半くらいの女だった。顔はａｉｋｏの2割増しってとこか。まったくもう、お金に目のくらんだ下品なお嬢さんだこと。

「すみませーん、仙頭です」

「どうも」

「わざわざすみません」

「いえいえ、はいこれ」

彼女が日記をこちらに差し出してきた。表情に期待の色は…どうかな、よくわからん。

オレは大げさに腕を伸ばして時間を確認した。ハッタリ用に付けてきたパチモンのロレックスだ。

「時間少しあります？　お礼もしたいし、そのへんのデパートでも入りませんか」

「お礼とか、そんな、大丈夫です」

図々しいやつと思われないためのパフォーマンスだろう。取り繕うなって。

『ちょっと雰囲気違うかな』

半ば強引に伊勢丹に引っ張り込み、まっすぐルイ・ヴィトンに向かった。店内であれこれ物色する。

「こんなんでいい？」

「いえ、そんな、いいですよ」

「でもオレの気が済まないからさ」

彼女の顔が固まってる。そりゃそうだろう、貧乏人にヴィトンは眩しすぎるよな。

「緊張しないでよ。そんな高くないから」

「…いや高いですよ」

「そうでもないって」

商品の値段を確認してビビった。数十万のカバンがごろごろしてる。ヤバイなこの店は。

ふと横を見てあせった。彼女、大きめのバッグを手に持っているじゃないか。

値札を見れば18万。この女、遠慮してるかと思えば、バカ高いモンに関心を示しやがって。

「うーん、それもいいけど、ちょっと雰囲気、違うかな。あっちの店はどうだろ」

むりやりカバンを棚に戻し、お次はエルメスへ。同じ手順を繰り返して、次はボッテガ・ヴ

エネタ、さらにシャネルと連れ回す。どうだ、こんな金持ち見たことないだろ。なにも買ってくれないけど。

『あ、日記だったんですか…』

伊勢丹を出た。彼女に釈然とせぬ様子はなく、むしろホッとしたような表情だ。

「ごめんね、あんまいいのなかったね」

「いやいやもう、ホントに大丈夫なんで」

「あ、ちょっと待って」

オレはおもむろにケータイを取り出した。

「もしもし。仙頭です。はいはい、あの株ね。10億で売り逃げれたんだ。サンキュー。了解です」

聞いてないようなフリをしてる彼女だけど、内心はビビってるね。

さあ、ではまだ夕方の4時だけど、食事にでも参りますか。奮発して焼き肉でもどうよ！

「どう？　おいしい店、知ってんだけど」

「いえ、あのホントに結構ですから」

「遠慮しなくていいよ。拾ってくれたんだし」

「そんな、ホントに大丈夫です。予定があるんで…」

おかしなコだ。金の匂いに誘惑されたくせに。

迷ったって買わないし

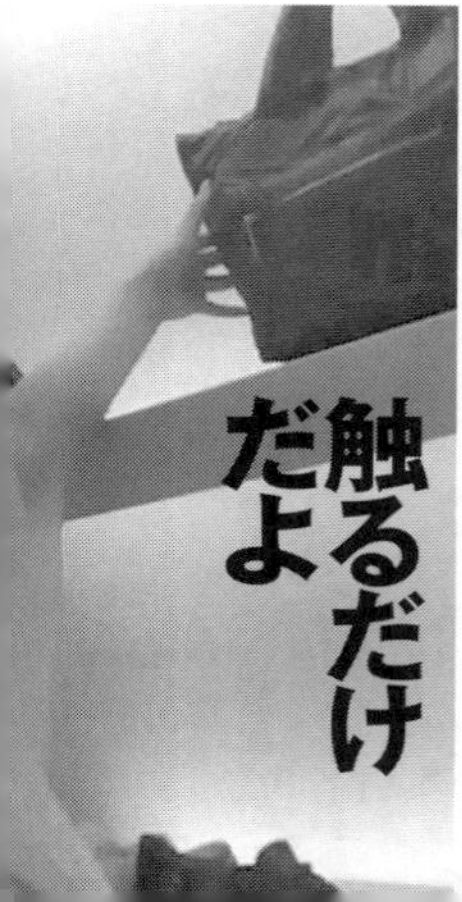
触るだけだよ

「あ、そう。じゃあまた連絡してよ。さっきの日記に今日のこと書いて覚えておくし」

「あ、日記だったんですか…」

え、知らなかった？ 読んでないの？ じゃあオレ、ただの伊勢丹散歩の好きなおっさんと思われた？

あれから

警察署から引き取ってきた7〜8冊の手帳は、しばらく職場の机の引き出しに放り込んでいたのだが、ある日、新宿の立ちんぼスポットへ置きに行くことにした。拾った売春婦がどんな反応をするか、少し離れた場所からうかがって楽しもうと思って。

すると、まぁまぁカワイイ一人の売春婦が拾ってくれ、熱心に見始めたではないか。

そこでこんなふうに声をかけてみた。

「それ、オレのなんだよ。拾ってくれてありがとう。そう言えばここって、そういう場所なんだよね。お礼がてら遊んでいこうかな」

かくして1万5千円で買春してみたところ、彼女は気に入られたいと思ったのだろう、サービスが良かったの何の。金満日記、立ちんぼスポットに置くのはアリかも。

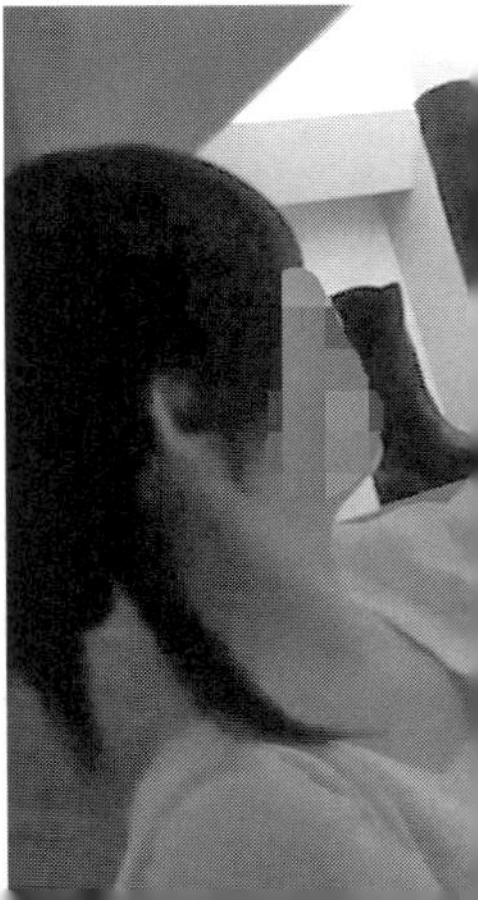

『裏モノJAPAN』2011年9月号掲載

マー君が
やって来る
ヤア！ヤア！
ヤア！

恋人を作るため、ここんとこ、女の習性ばかり考えているセントウです。感じたら乳首が立つとか、そんな下品なのじゃなく、もっと行動心理学みたいなやつです。

で、一つわかりました。女はキャーキャー騒がれてる男にキャーキャーする、そんな生き物なんです。よく知らないけど、なんだか人気者みたいだから一緒に騒いでおこうか、みたいな。

韓流スターとかに集まってる女なんてみんなそうですよ。キャーキャーが連鎖して雪だるまみたいに大きくなってるんです。最初はあれ、5人ぐらいしかファンいなかったと思いますよ。

となると、こんなことが可能じゃないだろうか?

オレに黄色い声を飛ばしてくれるサクラの女の子を10人ぐらい用意して、街中でキャーキャーやってもらう。まるでアイドルを見つけたかのような演技で。

付近を歩く女子は思うだろう。誰、あの人? 知らないけどアイドルみたい。キャー、アイドルだって、すごい! 私も追っかけちゃう!

彼女らにサインや写メをせがまれたオレは言う。

「応援ありがとう。キミかわぅぃーね。お茶でも飲むかい?」

これだ。一分のスキもないこの計画は女子の群衆に追っかけられるシーンで知られるビートルズの映画にちなみ、ヤァヤァヤァ作戦と名づけよう。

クレイジーナンパ大作戦⑧

サクラの黄色い歓声で一般女子をおびき寄せる

サクラと打ち合わせ

10月の日曜昼。ビートルズ風の細身スーツと金髪でキメたオレは、原宿にやって来た。休日とあってか田舎もん女子がうじゃうじゃ歩いている。待ってなさいよ、もうすぐアイドルがやって来るからね。

駅前にはサクラ軍団がすでに勢ぞろいしていた。知り合いのツテで集めた12人の女子たちだ。さっそく打ち合わせに入る。

「今日はぼくがアイドルという設定で、みんなにはそのファンをやってもらいます」

「はーい」

「ぼくのことはマー君と呼んでください」

マー君大好き! サクラ軍団の12名

「はーい、マーくーん！」

「いいね、いいね。今度はキミ言ってみて」

「マーくーーん！　こっち向いて！」

　上手い。こいつら、なかなかいい役者だ。

「キミは握手した後、もう手を洗いません、と言うように」

「はーい」

「そっちのキミは、マジックを持ってサインしてくださいって」

「はーい」

　こうしてサクラ軍団の役割分担は決まっていった。

サクラ軍団の作戦

- マー君の腕や背中をペタペタさわる
- 「サインください」
- 他の子にサインするのを見て「いいなぁー」とうらやましがる
- 「今、原宿にマー君がいてさ」と大声で電話芝居
- 「ちょーカッコいいんだけど」
- 「本物？」と騒ぐ
- 握手して「もう手を洗いません！」
- 「一緒に写メ撮ってもらっていいですか」
- 背伸びして写メを撮る

表参道にやって来た！

駅前からぞろぞろ移動し、表参道の人通りが多い場所に全員がスタンバイした。

「じゃあ行くよ。追いかけてきて！」

軽く走るオレを、サクラ軍団が追いかけてくる。

「あれ、マー君じゃない？」

「えっ？ うそ？ マー君！」

「ホントにマー君じゃん！」

背中から軍団の声が飛んできた。まわりの人たちが何事かとふり返ってる。すごい注目のされかただ。

「マー君、サインして！」

「こっち向いてー！」

しょうがないなぁという感じで立ち止まると、すぐに人垣ができた。ビルの2階から写メを撮ってる人もいっぱいいる。

キャー！ マーくーん!!

キャーーー！キャーーー!!

イャーーー！こっち向いてーー!!

一般女子も2人釣れたのだが

「マー君ですよね？　サインしてもらっていいですか」

この子はサクラだ。

「握手してもらっていいですか」

えーと、この子もサクラだな。

「写メ撮っていいですか」

この子もサクラだ。

あっ、すぐそこで写メ撮ってる2人、さっきはいなかったぞ。一般女子じゃないか。もっとこっちに来なさいって。アイドルから近寄るわけにはいかないじゃないの。

もっと人混みで

ヤアヤァヤァ作戦二回目は、同じく表参道のさらに人通りの激しい一帯で行うことにした。

「キミたち、なかなかいい演技力だけど、もし一般女子が寄ってきたらさっとその子に場所を譲ってあげるように」

「はーい」

「じゃあ行くぞ、カモン！」

キャー！　マーくーーん！　こっち向いてぇー！

表参道にまた人だかりができた。さっきより輪がでかいぞ。どれどれ、一般女子はどこだ。おっ、あんなカワイイ子、サクラ軍団にはいなかったぞ。こっちに来るんだ。

と、そこに小さな子供の手を引いたおばちゃんがやって来た。

「ほら、ゆうこ、握手してもらいなさい」

あらま、親子が引っかかっちゃった。

「ゆうこちゃん、応援ありがとね」

キョトンとしたゆうこちゃんの手を握ってあげる。こういうのでアイドルの株も上がるもんだしね。さらにおばちゃんは提げていた紙袋を差し出してきた。

「…じゃあ、この紙袋にサインしてもらおうかな」

あの、お母さん、ぼくが誰かわかってらっしゃるんでしょうか。わかってるわけないですよね。汚い字で「マー君」と書かれた紙袋を手に、おばちゃん親子は複雑な表情で去っていった。

竹下通りパニック

おばちゃんを相手にしてもしょうがない。お次

こいつのサインもらってどうするんだろう

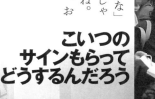

はいよいよ本命、若い女子であふれる竹下通りへ行こう。

「サクラのみなさん、次が本番だと思ってください。行くよ、カモーン!」

路地から走り込み、竹下通りに入ったところで軍団に捕まった。

「マー君がいる!」

「えっ、マジ、本物?」

「本物じゃん!　超すごいんだけど」

一瞬にして大群衆に囲まれた。

「誰?」

「何の人?」

「マジ誰なの?」

あっちこっちから、ひそひそ声が聞こえてくる。それを察知したサクラ軍団が大きな声でわざとらしく解説する。

「この前いいともに出てたマー君だ!」

「ええー、あのタレントのマー君?　マジー?」

大混乱!!

こいつら、ホントにいい役者だな。笑っちゃいそうなんだけど。竹下通りは騒然となった。誰もかれもが、写メをパチパチ撮りまくりだ。メガネの一般女子が声をかけてきた。

「握手してもらっていいですか」

ただの裏モノ編集部員なのに、握手だって。やっぱオレのヨミって正しいね。女はこういう生き物なのよ。

続いて今度は、一眼レフを提げた一般女子が近寄ってきた。目の前にカメラを構えてパシャパシャ。そんなの撮ってもブロマイド屋は買い取ってくれないよ。

気づけば竹下通りはパニック状態と化していた。通行できないほどの大混乱だ。こんな状況ではお茶に誘うなんてとても無理。いったん退散だ。

人気はあるけど
なかなかお茶に誘えん！

美女2人が2組も！

一般の若い女子も引っかかることがハッキリした。後はオレがお茶に誘う勇気を持つだけだ。

竹下通りは警察沙汰になりかねない。また表参道に戻ろう。喫茶店が近いほうがいいかもね。

では第四回、アクション！

「あーマー君だ！」

「サインくださーい！」

「ホントだ、マー君だ！」

サクラの輪に交じって、一般の美女2人組が声をかけてきた。

「一緒に写真撮ってもらっていいですか」

「いいよいいよ」

交代でツーショット写真を撮ったところで、アイドルらしいつっけんどんさでしゃべりかける。

「2人は今日はなにしてたの？」

「買い物してから、ゴハン食べてました」

満面の笑みだ。そうだよねアイドルに話しかけられたんだもんね。

「ぼく、お茶でも飲もうと思ってたんですよ」

美女と写メを撮ってあげたのにお茶は断られる

キミたちお茶でもどう?

どういうつもりで付いてきたんだろう

「そうなんですか」

「一緒にどうですか？」

このとき、見事なタイミングでサクラ軍団がうらやましがった。

「いいなぁ～いいなぁ」

「ええーなんでー。ズルーい」

お前たち、バイト代500円アップしてやる。しかしこんなにうらやましがられながらも、美女2人は言うのだった。

「…いや、やめときます」

はぁ？　である。アイドルとのお茶チャンスをスルーするなんて。おや？　また別の女子2人組がいる。なかなかかわいいじゃないか。もう恥も外聞もない。こっちから近寄ってやれ。

「どうも。こんちわ」

「…あ、どうも」

ビックリしてる。そりゃあ、アイドルに声をかけられたら誰だって驚くものだ。

「お茶を飲みたかったんだけど、どうかな？」

彼女たちは互いの顔を見合わせた。んなこと悩むまでもないだろうに。

「ぼくも仕事が忙しいし、軽く1杯だけどう？」

「…じゃあ、ちょっとだけ」

そうこなくっちゃ。

おしゃれなカフェにて

カフェに向かいながらも演技は続く。

「このへんは撮影の仕事でよく来るんだよ」

「そうなんですか」

「今日もこのあと撮影でね。ちょっと時間があいたから」

「ふーん」

適当なことをしゃべりながらオレは、自分をどういう種類のタレントに設定するか、策を練った。この子ら、たぶん二十歳前後だからアイドルには詳しそうだ。となるとモデルの線でいくか。モデルならいっぱいいるしな。

おしゃれカフェに入り、2人と向かい合って座った。

「2人はいつも見てくれてるの？」

「いや…すみません、よく知らなくて」

「あ、そうなんだ」

「マー君、さんですよね？」

「そうそう、みんなマー君って呼んでるね」

「どんな感じのお仕事なんですか」

そりゃ気になるよね。うん、オレはモデルです。

「へぇ〜…」

あれ、テンション下がってない？　テレビタレントのほうがよかった？

「あとは、ドラマとかもたまにね」

「どんなドラマですか！」

すかさず食いついてくる。やっぱソッチか。

「ドラマっていっても、まだ話があるってだけで、いま事務所でごちゃごちゃやっててね」

「マー君が芸名ですか？」

「うん、まあ、そんなとこかな」

「へぇ、今度見てみます」

見てみるって何をだ。オレを見られるのは『裏モノJAPAN』だけだよ。見ないでくれよ。

なんだかボロが出そうになってきた。隣の席の隠し撮りバイトちゃんも笑いをこらえてるし。今日はこのへんにしとくか。

「じゃあ、仕事があるし、そろそろ行くよ」

「はい」

「メアド交換しとこうか」

「…いいですよ」

一瞬、間があった。なんで人気モデルがメアドを聞いてくるんだってか？

ひとりぼっちのあいつ

〈今日はありがとう。少しの時間だけど仕事を忘れてゆっくりできました。またお会いできればいいですね〉

タイプだったほうの子に、たっぷり余裕を込めた

人気モデルのくせにしどろもどろでした………

メールを送ったところ、
〈南国ジュースご馳走様でした。お仕事頑張って下さいね〉
なんてそっけない返事なんだ。最後の一文に反応すべきだろうに！

『裏モノJAPAN』2011年12月号掲載

あれから

このリポートを掲載した『裏モノJAPAN』が書店に並んでいる時期、編集部に一本の電話がかかってきて、オレを指名した。

「はい、仙頭ですが」

「あっ、どうも、あのぉ…」

声から察するにまぁまぁ年配の男性らしい。情報提供とのことだが、その内容は大したネタではなかった。話が一段落したところでこう言われた。

「実は私、いろいろあって自殺しようと思ってたんですが」

「…はぁ」

「でも止めました。今月の仙頭さんのナンパ、バカバカしいにも程があるじゃないですか。こんな適当なことやってる人がいるんだと思ったら、自殺するのバカらしくなって…」

その晩の酒の旨かったことと言ったらもう。ウソのような本当の話です。

クレイジーナンパ大作戦⑨

お嬢様は庶民的なエスコートにグッとくるそうだ

マー君の休日

男女の世界には、わざわざ文字にするまでもない当たり前の法則がある。

〝庶民の女は、金持ち男に憧れる〟

あえて例など出さなくても、周りにいくらだっているだろう。リッチマンが好きな女なんて。アホなキャバ嬢なんかもその類か。

オレにすれば、こんな法則はどうだっていい。金持ちじゃないんだから知ってたってしょうがない。

大事なのはその逆の法則である。

〝お嬢様は、庶民の男に憧れる〟

こちらは当たり前じゃないのでピンとこない人もいるだろう。現にお嬢様と金持ちのカップルも多いわけだし。

でも、あると思いますよコレ。女ってのは、特に世間知らずの女ってのは、自分から遠い世界の男に憧れがちなんです。

『ローマの休日』のアン王女が恋したのは、たかが一介の新聞記者だった。一緒に市場を歩いたりバイクに乗ったりと、飾らないデートによって彼女は新鮮さを感じ、退屈を忘れさせてくれた新聞記者に惚れたのだ。

もちろんフィクションだ。でもあの映画が好きな女が多いってことは、つまり「わかるわかる」ってこと。私も退屈な日々から逃れて、あんな庶民的で飾らない人にどこかへ連れてってほしいわ、と願ってるんです。

『マー君の休日』作戦、いざ!

杉並の実家住まいでお菓子作りが趣味

　というわけで週末夜、スーツでキメたオレは、新宿のお見合いパーティにやってきた。世間知らずのお嬢様を探すためだ。

　会場はかなり混んでおり、女性陣は30人ほどいる。ひとまずルックスは脇に置き、お嬢様っぽい子をチェック。

　ジーンズやスニーカーは当然パスだ。望ましいのはワンピースで、髪は黒。一人で積極的に参加しているのではなく、友達と一緒にはにかんでるようなのがいい。あてはまるのは5人くらいか。

　回転寿司タイムではその5人のみに気合いを入れることにした。

　候補1人目。

「あ、どうも」

「よろしくお願いします」

　プロフカードに「趣味・フットサル」とあったのでスルーだ。そんなのお嬢様じゃない。

　2人目。「趣味・お茶」はアリだが、大酒飲みらしいのでパス。

　3人目は、住まいがいわゆる貧困エリアだったのでパス。

　そんなこんなで4人目、ようやく希望に添った女の子が現れた。

　名前はゆかり、24歳。杉並の実家住まいで、お菓子作りが趣味という。

この子に決めた。顔は小倉優子っぽいロリ系だし、笑うときに口元に手をあてるのもお嬢様っぽくてよろしい！

しかしこういう子は他の男もほっとかない。勝負をかけるべきフリータイムで彼女に人気が集まってしまった。

オレはパーティのプロだ。こういうときは彼女の友達のほうを籠絡するに限る。

「友達のゆかりちゃん、気に入っちゃったよ」

「しゃべらないんですか？」

抱けば折れそうな女の子です

「他に男いっぱいいるしね。それに、君とも友達になりたいし」

「はは、そうですね」

友達のキャラはお嬢様タイプじゃない。この手のペアは【友達＞ゆかり】の力関係のはずなので、こっちに好印象を与えておくほうが実は近道だったりするのである。

…案の定、ゆかりとカップルにはなれなかった。幸い、ゆかりたちペアもパートナーは見つかっていないので、得意の裏ワザ発動だ。

会場外で待ち伏せし、2人が出てきたところで声をかける。

「どうも、おつかれー」

「どうも～」

反応したのは友達だ。あの作戦が奏功したか。

「3人でメシでもどうかな？」

「うーん、時間ないんで」

「そう、じゃあ連絡先だけでも」

友達がニヤっとした。

「ゆかりのこと、気に入ってたもんね」

「そうそう、そうなのよ。あははは」

頭をぼりぼり掻きながらケータイを取り出して2人をせっつくと、友達が笑った。

「え、私も？」

「うん、仲良くなろうよ」

これがプロの技です。ゆかりだけじゃなく友達も一緒くたにすることによって〝重さ〟をなくす。覚えておくといいでしょう。

ゆかりも笑顔を見せた。

「赤外線わからないんです。どこから出てるの？」

「そこそこ、触ると危ないよ」

「ウソだー（笑）」

めでたくメアドを入手した。

以上、これだけでも500円ぐらいの価値ある手口ですが、作戦はまだまだ序盤です。

ベスパの2人乗りで庶民の遊び場を案内

当日からゆかりとのメール交換が始まった。

長期戦を覚悟し、最初はこっちの友人を交えて4人で遊ぼう的な誘いから入ったところ、予定を合わせるのが大変だからと、向こうのほうから2人でのデートを提案してきた。

しかし条件は
〈夜9時までには家に帰りたいです〉

だと。生粋のお嬢様なのかも知れん。まあしかし『マー君の休日』作戦からすれば、日中のほうがなにかと好都合だ。いろいろ動き回れるし。

翌週末、午後1時。オレはレンタルしたベスパで待ち合わせ場所へ向かった。バイクの2人乗りで、庶民の遊び場を案内する計画である。

こちらに気付いた彼女は目をパチパチさせた。

「ほんとにバイクで来たんですね？」

「うん、はい、ヘルメットどうぞ」

「えー、じゃあ乗りますよ？」

「オッケー、落ちないようしがみついてね」

ゆかりの両手が、オレの腰をぎゅっと握った。出発進行！

車をすり抜け、バイクは東京タワーを目指す。揺れで体がちょこちょこ触れあうのがなんとも心地よい。

「バイクって慣れてくるとけっこう楽しいでしょ？」

「そうですね。でも、ちょっと寒いですね」

たしかに寒いわな。なんせ2月なんだし。付き合いのいい子（押しに弱い子？）でよかったよかった。

まもなく東京タワーに到着した。ゆかりが天をあおぐ。

「すごーい、私こんな真下から見たの初めてです」

それが狙いだったのだ。東京タワーは田舎もんの観光スポット。杉並育ちのお嬢さんには新鮮に違いない。

「ここのコマ犬は真実の犬というんだけどね」

では次なる庶民アピールとして、買い食いをしてみよう。スペイン広場でのジェラートに匹敵するのは、やっぱあれか。よし、コンビニにひとっ走りだ。

「お待たせ。これ、ガリガリ君」

「あ、ありがとうございます」

「食べたことある？」

「ありますよ」

あるのか。残念だな。でもこうやって外で食べるのは新鮮でしょ。

「おいしい？」

「はい、でも寒いですね」

そうだ、忘れてた。アイスなんか食わせてる場合じゃな

真冬にそれはないだろ

かった。こっそり尾行してるカメラマンのバイトちゃんも、遠くからバッテンマークを送ってきてるし。

失敗を取り戻すため、次はベスパで花屋へ向かおう。このカマシは効くはずだ。映画のマネだけど。花屋、花屋と…、よし、あそこだ。

「ちょっと待っててね」

バラの花束を買い、彼女に差し出す。

「えっ？」

「プレゼント」

「え？」

「何となくあげたくなって」

「えーーいきなりですかー！」

喜んでる。大成功！

お次は神社へ向かおう。なぜ神社か。もちろんあれをするためです。

あらかじめ調べをつけておいた某神社のコマ犬の前に立ち、オレは真剣な表情を浮かべてみせた。

なかなか絵になってましたね
カメラマンバイト談

まだまだ行くよー

「ここのコマ犬は、真実の犬というんだけどね」

「なんですか、それ」

「うそつきが口に手を入れると噛まれるんだよ」

「はは、どっか外国にありますよね」

知ってましたか。でも気にせず、犬の口に手を入れて…。

「痛い痛い痛い！」

スーツの袖が短くて、手首を隠すわけにはいかなかったが、どう、オレってひょうきん者？

んーー、なんか反応がイマイチだな。隠し撮りのバイトちゃんはあっちで腹を抱えてるけど。

「…あの人がパチプロですか？」

彼女の希望で小洒落た喫茶店に入ることになった。よっぽど寒かったみたいだ。

紅茶を飲みながら、ゆかりが笑う。

「バイクで出かけるのって楽しいですね」

「そう？　よかった〜」

「よく2人乗りするんですか？」

これは失敗だと思います
カメラマンバイト談

「うん、まあ普段は男同士だけどね」

「へぇ」

こんな会話は、まあどうだっていい。オレとしては紅茶なんか飲んでないで、もっと楽しいとこへ連れて行きたいところだ。

というわけで、急かすように喫茶店を出て、次はドンキへ。どうだ、このごちゃごちゃした店内は。どうだ、この値段は。三越や髙島屋とは格が違うだろう。

「ドンキ初めて？」

「ちゃんと入ったのは初めてかも。なんでもありますね」

「でしょ、でしょ」

おっ？　あそこに電マがある。スイッチ入れてセクハラしたいけど、さすがに引くかな。あきらめとこう。

続いて庶民の娯楽、パチンコ屋へ。雰囲気だけでも味わわせようと、ホールをふらっと歩いてみる。

彼女がふと耳打ちしてきた。

「…あの人がパチプロですか？」

ある客がハンドルにカードを突っ込んで固定しているのを見て、そう思ったそうだ。可愛らしい！　この瞬間、オレは恋に落ちた。

「試しにどれか打ってみれば？　当たるかもよ」

適当なスロット台に座らせて、コインを入れてやる。

「押してごらん」

「順番に押せばいいんですよね。えい、えい、えい」

　2分後、「7」が3つ揃った。何コレ？　当たりなの？　オレもよくわかんないんだけど。

「ゆかりちゃん、すごいよ。大当たりだよ！」

「ホントですか？　すごーい、やったー！」

　台が鳴り止んだところで打ち止めし、4500円が手に入った。

「よかったね、お小遣いにすれば？」

「いいですいいです、セントウさんもらってください」

　いい子すぎ！　惚れた！

ホントに当たるところがドラマチック

すごく気を遣っちゃう性格なのかもしれない

　パチンコ屋を出ると、すでに夕方6時を回っていた。門限があるのであまり遅くなれないが、軽く一杯ぐらいは飲みたいところだ。うん、バイクはパーキングに停めっぱなしにして、グイッと行こうじゃないの。

やってきたのは、新宿しょんべん横丁だ。小汚い飲み屋が軒を連ねる一角である。どうせならクセのありそうな店に入ったほうがいい。そこの焼き鳥屋にするか。

「いらっしゃい、おねーちゃん」

先客のおっちゃんたちが気安く声をかけてきた。こんなカワイイお嬢さん、珍しいんだろう。

「ゆかりちゃん、何飲む？」

「じゃあ、カンパリオレンジとかありますか？」

カンパリねえ。悪いけどそういうのはないんだよ。

「それはないね。ウーロンハイにしたら？」

「飲んだことないんですけど…」

「うん、まあウーロン茶みたいなもんだよ」

「じゃあそれで」

ひとくち飲んで、彼女はウンウンとうなずいた。

「私、これなら飲めますね」

「でしょ。じゃあ何か頼もうか」

2人でメニューを覗き込む。

「シロって何ですか？」

「ブタの内臓だよ」

「てっぽうって何ですか？」

「ブタの直腸だよ。こういう場末の焼鳥屋って、ブタの臓物が多いんだよね」

モツ煮込みを食すお嬢様

「へ〜、ぜんぜん知りませんでした」

焼き鳥の盛り合わせ、煮込み、マカロニサラダなどを注文し、2人して食してみる。こういうのは安くて下品だけど、味はイケるん…なんかあまり旨くないな。煮込みもしょっぱいし。

「どう？　口に合う？」

「はい、おいしいですよ」

「ホントに？」

「はい。ツマミって感じで」

彼女、すごく気を遣っちゃう性格なのかもしれないな。でもここは言葉どおりに受け取っておこう。

「ゆかりちゃん、今日はいろいろありがとね」

「いえいえ、こちらこそ」

「どこが印象的だった？」

「うーん、バラの花ですかね。あと、この店も」

おふざけ半分の企画だったが、どうやらバッチリ成功したみたいだ。ではその後の展開を報告しよう。

メールは続いている。内容は、どこで何をしたかぐらいの他愛ないものだ。でも会えてはいない。彼女が忙しく時間が作れないのが理由だ。

一方ヒマだらけのオレは、次のデートは一転して、自由が丘のおしゃれレストランあたりでキメてやろうと、下見の真っ最中である。

『裏モノＪＡＰＡＮ』２０１２年４月号掲載

あれから

そんなこんなで、ゆかりとはなかなか会うことができず、季節が移ろい春。ようやく2回目のデートの約束を取り付けた。当初は自由が丘のレストランプランを考えていたが、桜の時期だし、やはり庶民的なデートのほうがいいのではという理由で、浅草のお花見へ行くことにした。もちろん、会うのは2回目だからカラダをいただく気マンマンで。

しかし、いざ臨んだ2回目のデートはノーセックスで終わった。どころか、その翌日より、彼女からのメールのリターンがやたら遅くなり、明らかに機嫌を損ねられている。

いったい何が悪かったのか？

編集部の天井をじーっと眺めながらデートの流れを思い出し、紙に書き出してみる。

●「自由が丘のレストランは止めとこう」とメール。

●浅草駅前で待ち合わせ。

●隅田公園にゴザを敷く。

●缶ビール＆柿ピーで乾杯。

●浅草寺の裏でイチャつこうとしたところで拒絶される。

と、隣の席のバイトちゃんの冷たい視線が飛んできた。

「それ、庶民的というか、単なるデート代浮かせのドケチ野郎って感じですよ」

…ん〜。女心を読むのって難しいなぁ。トホホ。

クレイジーナンパ大作戦⑩

マー君with和田虫象ニセ占い大作戦

あなた、今日あたり運命的な出会いが待ってますね

新宿をブラブラ歩いていると、ある路上占いのオバハンの前に大量の女が並んでいた。あいかわらずアホばっかりだ。占いがインチキなことは、裏モノで何度も証明してきてやったのに。もうあきらめよう。女はアホなのだ。アホに何を言ってもわかりっこない…。瞬間、ひらめいた。こうなりゃそのアホの特性を利用してやろうじゃないの。作戦はいたって単純だ。

まずニセ占い師が路上に座り、やってきた女の子にこう告げる。

「おやおや、あなた、今日あたり運命的な出会いがありますね」

で、その直後、オレがナンパする。普段なら見向きもしてくれないだろうが、直前に占い師に予言されているだけに、女は「この人のことかしら？」と胸が騒ぐ。

いかがでしょう。アホ女なんて、この程度で引っかかると思いませんか。

声優の仕事にもつながる大切な出会いです

金曜夜7時。新宿駅西口。待ち合わせの相手は、ライター和田虫象だ。この薄汚なさ、ニセ占い師の大役にぴったりである。

作務衣と袈裟に着替え、メガネをかけた虫象は、なかなかソレっぽく見える。テーブルとイスを並べ、虫象と客との会話が聞こえるよう、互いのケータイを通話状態にしたところで、では参ろう。

「じゃあオレ、あっちで見てるからよろしく」

「了解っす」

「男とかブスが来たら、適当にうっちゃってね」

「オッケーっす」

　――待つことしばし。一人の女が立ち止まった。
○（女、以下同）いいですか？
●（虫象、以下同）どうぞ。
○私、声優をしてるんですが、その仕事について観てもらえますか。
●あなた、今、お付き合いされてる方は？
○いないです。
●女性は、いい男性と巡りあうことで仕事やプライベートのバイオリズムも上向くんですが、あなたはこれから運命的な男性と巡りあいます。
○へえ。
●ガンに出てます。専門用語で顔に出るって意味なんですけどね。目の下の相を観ると、近々、運命的な出会いがあると出てます。それもかなり直近。今週中、いや、もしかしたら今日かもしれませんね。
○そうなんですか。
●声優の仕事にもつながる大切な出会いですので、チャンスを逃さないように。では頑張って

ガンに出てますね
虫象、どこでそんなデタラメ勉強したんだ
占い
本日限り
無料鑑定

ください。
○ありがとうございました。

虫象、上手い！　仕事の相談なのに、いつのまにか出会いを大切にしろとか言ってるし。あとはオレにまかせてくれ！

彼女は駅の改札へ向かっている。駆け足で近づき、声をかける。


「ちょっとすみません」

「はい？」

「京王線のこの改札、東口に抜けられましたっけ？」


足止めさせるための適当な口実だ。


「ちょっとわからないんですが」

「抜けられるんなら、東口のほうに飲みに行こうと思ったんだけど」

「……」

「オネーさんは仕事帰りとか？」

「…はい」


声優ちゃんは無表情のままだ。さっきの占い師のことばを忘れたのかよ。

この男が声優の仕事に好影響を与えるとは思えない

「ぼく一人で飲むのもアレなんで、オネーさん、よかったらご一緒しませんか」

「いやちょっと」

彼女は即答して、ホームのほうへ去っていった。

運命の出会いは、間違いなく今後のことです

虫象の近くに戻りターゲットを待っていると、今度は女の子2人組がやってきた。片方の子がイスに座る。

○（無料鑑定の文字を見て）本当に無料ですか？
●はいそうです。
○無料ならお願いしたいですけど。
●大きなカバン持ってますが、旅行か何かです？
○私は鹿児島なんですけど、この子は東京に住んでいて。
●何を観ましょう。
○じゃあ恋愛を。

●恋愛ですね。ちょっとお顔をよく見せてください。
○はい。
●ガンに出てますね。ガンというのは専門用語で、顔の相なんですけどね。私もいろんな人を見てきましたけど、こういう顔は珍しい。
○はあ…。
●あなた、おそらく近々、いや今日かもしれない。運命的な出会いがあると思いますよ。
○運命的ですか？
●そうです。
○その相手ってこれから出会う人なんですか？
●そうです。
○そうなんだ。でも私、最近いいなって思ってる人と会ったんですけど、その人がソレってことはないですか？
●ちょっと手を見せてくれます？
○はい。
●ほーほーほー。この線がここで交わってるということは、運命の出会いは、間違いなく今後のことです。
○そうなんですか。
●とにかく、今日の出会いは大切にしておいてソンはないですよ。
○わかりました。

好きな男がいるというのは手強いが、声をかけてみなきゃ始まらない。

「こんばんは」

「……」

「2人でこれから、飲みに行くとかですか？」

「……」

「オススメの店とか教えますよ」

「いいんで」

「まあ教えさせてよ」

「いいんで」

「そう言わずに…」

「マジで半径2メートル以内に入らないでくれない？」

あちゃー。虫象の話、ぜんぜん効いてないじゃん！

半径2メートルのバリアーを張られました

「へーそうなんだ！ってこと言われました」

深夜0時過ぎ。駅前はあわただしく通り過ぎる人ばかりなので、歌舞伎町方面に占い場所を移動した。

そこにすぐやってきたのは、ふわふわスカートにもこもこカーディガンを着た、トイプードルみたいな女の子だ。

●何を観ましょうか。
○恋愛面を。今、いいなーと思う人がいて、その人と仲良くなりたいんですけど。
●その人と付き合いたいと？
○そうですね。
●ちょっと手相を観ましょう。
○お願いします。
●んー、その人とは仲良くはなれますが、恋人という流れにはなっていませんね。
○え、そうなんですか。
●近々、運命的な出会いが来そうです。
○ホントですか！
●お顔を見せてください。顔の相で観ると、出会いの時期がわかりやすくて。
○はあ…。
●ふーん、これは珍しい。まさに今日これから運命的な出会いがありますよ。今好きな方は運命の人ではないと思います。

○そうか。
●でも一つ注意してほしいんです。運命的な出会いというのは、第一印象はそんなによくないんです。だから最初「ちょっと違うな」と思っても、実はそれが大切な人だったりしますので、その点を意識しておいてください。

最後のフレーズは、二度の失敗を経た結果、編み出したものだ。

プードルちゃんが歩き始めた。横断歩道で立ち止まったところに近づき、目が合ったタイミングで切り出す。

「もしかして、おねーさんも終電がなくなっちゃった系？」

「…はい、まあ」

「ぼくもそうなんだよ。お互いおつかれさまですね」

「そうですね」

何かいい感じだ。

「よかったら、終電逃したモン同士で飲まない？」

「これから青山のクラブに行こうと思ってるんで…」

「まあそう言わずに、1杯だけ奢らせてよ。それからクラブに行けばいいじゃん」

「じゃあ飲んで行こうかな」

ほい来た！

新宿2丁目のオカマバーに入り、カウンターに並んで座った。

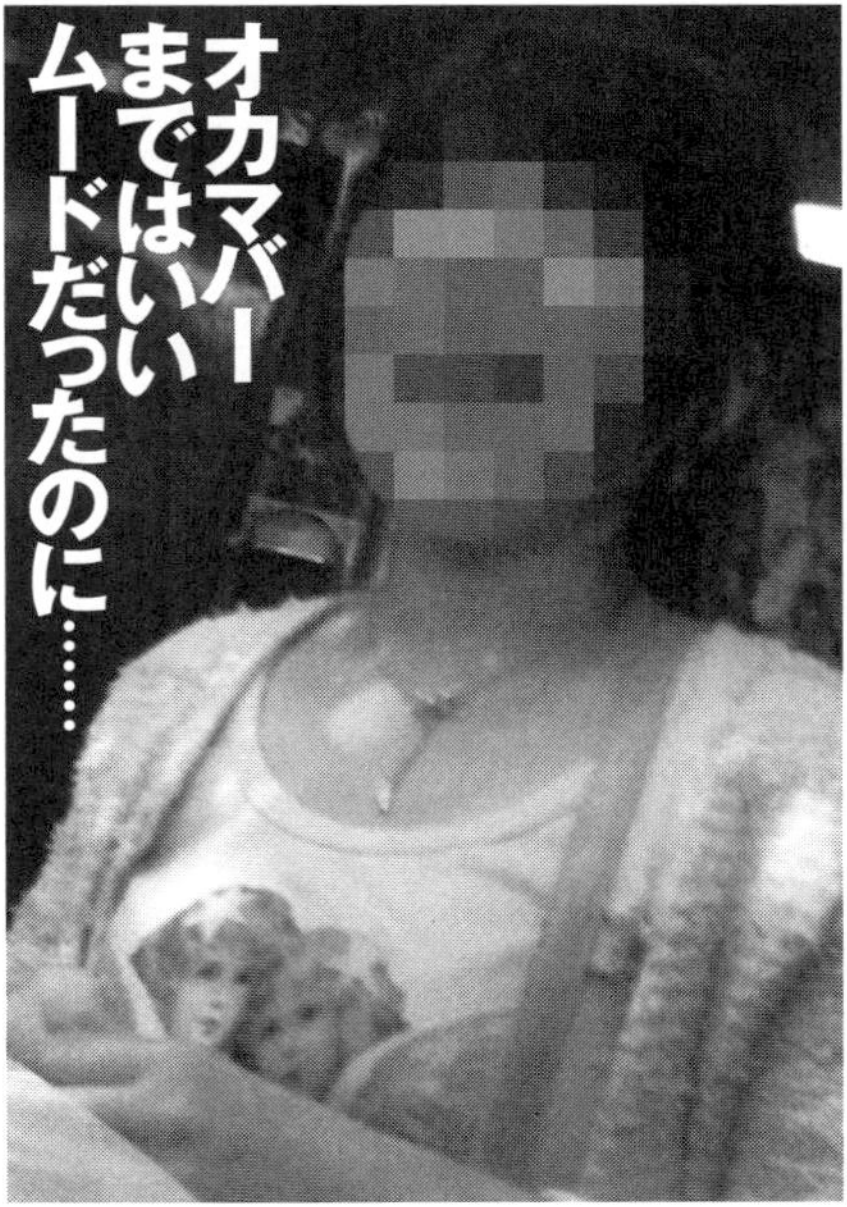

オカマバーまではいいムードだったのに……

「私、こういう店に来るのは初めてなんで新鮮です」

「けっこう面白いでしょ」

スタッフのオカマに「きゃりーぱみゅぱみゅみたいでかわいいわね」と煽てられ、彼女は楽しそうに笑っている。

「オカマバー、一度行ってみたいと思ってたんですよ」

「普段はどういうところで遊んでるの」

「渋谷です。新宿にはほとんど来ないですけど、今日は来て良かったぁ」

おっと、おっと！　なんですか、その興味深いセリフは。

「そう言えばさ、さっきぼくと会った通りに占い師いたでしょ？　あの人ってけっこう当たるらしいよ」

「私、観てもらいましたよ」

「どうだった？」

「へーそうなんだ！　ってこと言われました」

ハッキリ言わないあたりが可愛らしい。運命うんぬんを、その、まさに運命の相手であるオレに向かっては、恥ずかしくて口にできないのだろう。

店に入って1時間ほど経過したあたりで、彼女が時計をチラチラ見始めた。

「私、そろそろ青山に行くよ」

まだクラブなんかに未練があるのかよ。てっきり今日はオレとしっぽりすると思ってたのに。

「じゃあ、ぼくもそのクラブ行こうかな？」

「行く？　いいよ」

だよね。運命の相手をムゲにはできないよね。

目当てのクラブには、奇抜ファッションの若い子たちが、いっぱい集まっていた。ドリンクコーナーに並んでいると、数人の男女が近寄ってくる。

「あっ、めぐみー」

「おつかれー」

彼女は親しげに彼らとハグをしている。仲間か。ほれ、そんな西洋かぶれの挨拶はもういいから、早くオレを紹介しなさいよ。

ところが彼女は言う。

「ちょっと私、向こうの友達のところに行ってくるね」

その後、彼女はまったく戻ってくる様子はなく、オレはダンスフロアで一人で揺れているしかなかった。

意識して積極的になっているのかも

翌日の夜8時。新宿の路上に再びスタンバイしたところ、最初にやってきたのは、ずんぐりむっくり体型のおデブちゃんだった。

●何について観ましょう?

○結婚とかは?

●ちょっと手を見せてください。

○はい。

●女性の場合の手相は、左手がメイン、

右手がサブで観るんですけどね。
○はい。
●あなたは感情線の流れから観て、基本的に積極的な方だと思います。でも恋愛のときは意外と臆病になってませんか？
○なってますね…。
●積極的になってほしいですね。
○はあ…。
●というのは、実は、あなたのお顔をぱっと見てすぐに気づいたんですけどね。近々、というかたぶん今日ですね。これから運命の出会いがありますね。
○ホントですか？
●はい、あります。
○そうなんですか。
●大切な出会いです。頑張って積極的になってください。

鑑定が終わり、彼女が立ち上がった。

小走りで近寄り、横に並んで歩く。なるほど、虫象が適当にあしらわなかっただけあって、

顔そのものはわりとカワイイ。

「そのパーカーってシャレてますよね」

「…はい」

「ぼくもそういうヤツ持ってるんですよ」

「パーカー好きなんですか？」

「そうですね。キミも？」

「はい」

「今日は仕事帰りとかですか？」

「いや、買い物とか」

会話は普通につながった。意識して積極的になっているのかもしれない。

「よかったら、パーカー好き同士ってことでメシでも食いますか」

「あっ、いいですよ」

ピザ屋に入り、ビールで乾杯。彼女は「後藤です」と名乗り、意外なほどしゃべりまくった。

バナナの皮を1秒で剥けるとか、いちごのヘタを1秒で3個取れるとか、反応のしようがない話題ではあるが。

ピザをむしゃむしゃ、ビールをぐびぐびしながら2時間以上もしゃべったところで、彼女が
「そろそろ帰りますね」

「え、じゃあメアド交換とかしとこうよ」

「ぜひぜひ」

夜、彼女にメールを送ると、こんな返事が返ってきた。

〈今日はごちそうさまでした。ぜひまた遊びにいきましょう。仙頭さんのご都合がいいときに誘ってください〉

「信じたほうが幸せになれると思うから」

後藤さんと再会したのは、なんと翌日のことだ。深夜のメールで、お互い『早く会いたいね』と盛り上がったためだ。

デートの目的地、サンシャイン水族館へ向かう途中、彼女がたずねてきた。

「仙頭さんってカノジョとかいないんですか」

この質問をしてくる女は、①気がある　②気がある風を匂わせている　③話題に困っただけ、に分類されるが、今日にかぎっては①のような気がしてならない。きっとそうだ。

「うん、いないんだよ。後藤さんは？」

「いれば来ませんよ」

わあ、なんか始まりそうかも。太っちょだけどカノジョにしちゃおうかな。

水族館やショッピングモールで談笑し、居酒屋へ。そこで彼女が不意に言った。

「仙頭さん、占いって信じます？」

「うん、信じるね。信じたほうが幸せになれると思うから」

「へえ、男の人で珍しいですね」

「後藤さんは？」

「私も信じるほうですね。昨日も…」

おっと、昨日と来た。虫象のデタラメ占いを頭の中で反すうしている。運命の話をするの？　それがオレだって話をするの？

「やっぱりいいです」

恥ずかしいんだ。太ってても女は女だな。

Love Love
FOREVER

翌日、すかさずデート。
結ばれちゃうのかな
ぼくたち

その夜のホテル行きはかなわなかったが、プリクラでほっぺたキスまではもらっておいた。もはや2人は恋人同士と言っていいだろう。

さあ、いよいよ念願の結婚も間近なのでしょうか。新宿の母にでも占ってもらいに行こっと。


『裏モノJAPAN』2012年7月号掲載

あれから

結論から言うと、後藤さんが忙しくてなかなか会えないまま、1週間2週間と過ぎていくうち、おデブと恋仲になるなんてやっぱアレだしなぁと気持ちが冷めてしまった。

それにしても、占いの効果が薄かった声優ちゃんやプードルちゃんと、信じてくれたらしい後藤さんとの違いは何だったのか。言わずもがな、普通かアホかってことなんだろう。…ってことはこの企画、アホ女が多い場所でやるのが適切だったのでは？

大学生の幼稚化が叫ばれて久しい。とりあえず大学と名の付くだけのワケのわからん学校が乱立し、今やとんでもないバカ者が学生風をふかせて闊歩しているのが日本の実情だ。近く、虫象を誘い、Fラン大学の前でリベンジと参りたい。

クレイジーナンパ大作戦 ⑪

スナックの女性は陰のある男に惚れる。ならばこの作戦はどうだ!

ママ、ちょっとかくまってくれないか

場末のスナックではたらく女は、陰のある男に弱いように思われる。彼女ら自身にやや不幸の匂いがあるからだ。

オトコに疲れ、空虚な人間関係に疲れ、流れながれて水商売へ。そんな彼女らは真っ当なサラリーマンなんぞに惚れやしない。どこか事情ありげな陰のある男に、自分と同じものを感じ取って心を許すのだ。

今回はそこをピンポイントで狙います。オレの設定は、ヤクザに追われてたまたまスナックに逃げ込んだ男。言葉少なに酒を飲みつづければ、そろそろ閉店となったころママさんは言うだろう。

「あんた、行くとこないんだったら、うちのアパートで飲み直す?」

これだ。

さぁママよ、どうする? 「来てないよ」

土曜、深夜0時。

ジャンパー姿で高倉健さん風にキメたオレは、都内の場末街にやってきた。

仲間は撮影役のAと、オレを追っているヤクザ役のB。今回はAを除く二人で芝居をうつ。

まずAがスナック店内に入りビデオをセット。しばらくしてからオレが息を切らしながら駆け込み、ママさんに言う。

「ちょっとトイレ貸してくれる? 変な男が追いかけてきたら、いないって言ってくれるかな」

トイレに入ったところで、ヤクザBが登場し、ママさんに尋ねる。

「今、ひょろっとしたニイちゃん、入ってこなかったか？」

ここでママさんがかくまってくれれば、ヤクザはしりぞき、トイレから出てきたオレは意味ありげにカウンターで飲み続ける。あとは閉店を待つだけだ――。

「な、すごい陰のある男でしょ」

「これはお互い、演技力がいりますね」

「よし、行くぞ」

昭和のニオイのするスナックが並ぶ一帯で、まず撮影者が一軒の店へ。

そして数分後、主役の登場だ。走って、走って、おおげさにドアを開ける。

「いらっしゃい、おにーさん」

ママさんの声を受けながら、ずかずかと中へ。

「ねーさん、ビール。便所は？」

「そっちだよ」

訳あり顔でトイレに隠れる

「ちょっとかくまってもらっていいかな。ヘンな連中が来たら、いないって言ってくれませんか」

「ヘンなの来るの？」

ママは表情をコワばらせながらうなずいた。

便所に入り、ドアをちょっとだけ開けて様子をうかがっていると、まもなくヤクザが登場した。

「さっきここにひょろっとしたオトコ入って来なかった？」

さぁママよ、どうする？

「来てないよ」

最初の関門は突破した。


「じゃあ仕事、紹介してあげようか？」


「もう行ったよ」

ママさんが便所のドア越しに声をかけてきた。よろしい。完全にこちら側の人間になってくれている。

カウンターでビールを一杯飲み干し、さらにもう一芝居。

「…くそっ、あいつら！」

「どうしたの。さっきの、変な男だったね」

「…ええ」

「気をつけんといかんよ、このへんはヤクザ多いから」

「ええ、自分、女に手を出す連中は許せないっすから」

健さん風の抑えたトーンでぼそっとつぶやく。うふふ、どうよこのセリフ、深読みしてちょうだいよ（※以降、オレのセリフはすべて高倉健さんをイメージして読んでください）。

ママさんが2本目のビールをあけた。

「あなた、どこから来たの？」

「土佐です。事情があってこっちに……」

「仕事は？」

「いろいろやってきましたが、今はふらふらするばっかりです」

「じゃあ仕事、紹介してあげようか？」

えっ!? 彼女はいきなり携帯で誰かに連絡し始めた。

「お客さんに建築関係の人がいるからね」

職に困ってる男になっちゃいました

「いや、自分は大丈夫なんで」

「あなた困ってそうだし紹介してあげるよ」

誰かとしゃべっている。はいはい待ってます、とかなんとか言ってるし。

「そのお客さん、今からうちに来るとこだったみたい。もうすぐ着くって」

ややこしいことになってしまったぞ。面倒見のいい土建屋オヤジとかに、あれこれ事情を聞かれても厄介だな。

この店はあきらめよう。


「ちょっと困るよ！　面倒なのはやめてよ！」


深夜1時半。2軒目に挑戦。

例のごとくバタバタ入っていく。なかなか美人なママさんだ。

「ねーさん、ビール。便所は…」

「そっちだけど」

便所に向かいながら、

「もし、自分を探しにヘンな連中が店に来たら、いないって言ってくれませんか」

「ちょっと困るよ！　面倒なのはやめてよ！」

かなり強い口調の声が返ってきた。

「ちょっとそういうのは困るよ！」

「すんません」

「ちょっと、あんた待って！」

その声を無視して便所に入った。直後、入り口から物音が。

「おい、今、ここに人が入ってきたと思うんだけど」

こりゃ、かくまってくれないかもな。

が、彼女はすんなり言った。

「誰も来てないよ」

トイレから戻るとママの表情は引きつっていた。

「行ったわよ」

「…すんません」

「まあ、座んなさい。あんたはこっちの端っこが似合うわ」

やはりスナックのママさんは、陰のある男を守りたくなる母性のようなものを持っているようだ。


「つええヤツをください。自分、酔いたいです」


店内には、大ちゃんという客が一人座っていた。常連らしく、しきりとママに話しかけている。ジャマな男だ。

オレはグラスの酒を一気にあおった。

「すんません、つええヤツもらえますか」

「強いやつ？　お酒？」

「はい、つええヤツをください。自分、酔いたいです」

「じゃあ、ブランデーね。あんまり飲み過ぎたらカラダによくないわよ」

「ええ。だけど…」

途中で口をつぐむ。わぁ、すごく意味深。どう、ママ、気になる？

ダメだ。彼女はすぐ大ちゃんの方に行ってしまう。早く帰れよ、大ちゃん。

ママが小鉢を持ってやってきた。

「あんたも、食べる？」

「ありがとうございます

オレより焼き肉の方が魅力的だったようだ

……ソラママメか、思い出すな」

「どうしたの？」

「いや、なんでもないっす」

「そう………」

思わせぶりな芝居にも、ママはなかなかついてこない。そうこうするうちに、大ちゃんがストレートな行動に出た。

「ねえ、ママ、この前言ってた焼き肉行こうよ」

「あら、そうね」

「オニイさん、ごめんなさい。お店2時半までなんですよ。今日はママと焼き肉約束してるんで」

なんだよこいつ、品のないヤツだな。ママもこんな朗らかな男、ほっときゃいいのに！

ついにママさんと二人きりに

午前3時半。そろそろ開いているスナックがなくなってきた。あ、あそこにまだ1軒やってるぞ。レッツゴー！

ドアを開く。げっ、ママさんはたぶん50過ぎじゃないか。しかも客も多いし。しゃーない、こうなりゃ進むのみだ。

「ねーさん、ビール」

「はいよ」

誰か追いかけてきてもいないって言ってください！

え？

「便所は？」

「その向こうだよ」

「あの、もし誰か来たら、いないって言ってくれませんか？」

「なんだい、それ？」

問いにはこたえずに、便所に隠れる。

まもなくヤクザ役がやってきた。

「すんませーん、今、若いヤツ入ってこなかった？」

一瞬、店内がシーンとなった。ママさんが口を開く。

「来てないよ」

「ホント？」

「誰も来てないよ。ほら、見てごらんなさい、いないでしょ？」

しばらく後、カウンターに座ったところで、ママさんがビールを注いできた。

「かなりおかしな感じだったねえ」

「…そうですか」

「まあ、何があったかは聞かないけれど」

「…自分、女に手を出すやつは許せなくて」

「はーん、そういうことね。そりゃあアレだねえ」

ママさんは一人で何かを納得している。

「私はね、あんたを先に入れた。あんたがどこの何者かは知らないよ。でもね。先に頼まれたものを引き受けたってことはだよ、そりゃあ守らなくちゃなんない」

「…ありがとうございます」

「まあ、元気だしなよ」

この人とねんごろになることに意味があるのか、さっぱりわからんようになってきたが、もうこのまま進みます！

焼酎に切り替えちびちび飲み続けたところ、早朝4時を回り、客が一人ふたりと帰り、ついにママさんと二人きりになった。

ママが食器を洗いながら話しかけてくる。

「あんた、家は？」

「…自分、東京に出てきたばっかりで…」

「ふーん、そうかい。どこから来たの？」

「土佐です」

「土佐かい。私は東京。生まれてからずっと東京だよ。それにしても土佐の人間がこんなとこにねぇ」

「ええ、自分、生き方が不器用なもんで」

「そうかい。これから飲みに行くけど、一緒に来るかい」

狙ったまんまの展開だ。相手がやや歳上すぎなことを除けば。

「自分、宿無しですから」

外はすでに明るくなっていた。連れられていったのは、小さな飲み屋だ。

ママさんはビールを、オレは日本酒を頼み、隣に並んでちびちびと飲み始めた。目的はママの部屋、あるいはホテルへ向かうこと。それにはもっと憐れみを誘うべきだ

ろう。

何かを思い出したかのように、目をつぶって目頭を押さえる。

「涙ながしていいですか」

「まああいろいろあるね。そりゃあ、東京にもいっぱいいい人はいるよ」

「はい」

「あんたが何であいつらに引っかかったのかわからないけど、あんたがいいと思ってやったんなら、自信を持ちなさい」

「ありがとうございます。さっきかくまってくれたとき、自分、うれしくて」

「いや、いいよいいよ」

雰囲気としては悪くない。でもこうしていつまでも飲んだところでラチが明かんぞ。

さらに一芝居いっとくか。

「ふぅ〜。どこで寝るかな…」

「どうしたの?」

「自分、宿無しですから」

親身になってくださって
ありがとうございました

「あらそうなの。ねえ●●ちゃん、駅前のソファで眠れるお店、教えてあげて」

従業員に話しかけている。なんだよ、ネットカフェに追いやる気かよ。こんなに陰のある男なのに泊める気ないの？

相手が相手だけに最後はグダグダになってしまったが、作戦そのものは的外れじゃなかったと思う。

全国のみなさん、色っぽいママさんのいるスナックで試してみてください。かくまってもらうとこまでは確実にイケますんで。

『裏モノＪＡＰＡＮ』２０１２年８月号掲載

あれから

企画から4年。夜、仕事帰りの電車内。窓に映った自分の顔を見て、ふっとタメ息が漏れた。

…オレも老けたな。疲れた顔してんな。目なんかけっこうスワっちゃってるし。何だか陰のある男って感じだな。…って待てよ、こうしてだいぶ老けた今、あの企画をやったら、けっこうイイ感じなんじゃね？

何気に健さん口調でボソボソつぶやいてみる。

「ママ、ちょっとかくまってもらえないか」

「ヘンな連中が来たら、いないって言ってくれ」

「つええヤツをください。自分、酔いたいんで」

ふと横を見ると、女子高生っぽい二人組がスマホをこちらに向けてニヤついていた。いかにもヘンなオッサン見つけたんでツイッターにあげよーみたいな感じで。…やめろって！

クレイジーナンパ大作戦⑫

新幹線の女性客よこの看板が見えるか!

ちょっと前に京都に行ったとき、新幹線の窓からぼんやり外を眺めていた。

住宅街、パチンコ屋、スーツ屋…どこも同じようなつまらない景色だ。せっかくのどかな田園地帯に入ったと思っても、そこには目障りな看板が並んで立ってるし。なんちゃら工務店とか、なんちゃらノド飴とか。

あんなもんに広告効果はあるんだろうか。少し計算してみよう。新幹線のこっち向きの窓側席は、1車両に20くらいか。16車両あるので全部で約300席。

空席もあるし、座ってたとしても寝てたり読書してたりするのがほとんどだろうから、看板が視界に入るのは3人いるかどうかってとこだろう。

でも新幹線は数分間隔でひっきりなしに走っている。しかも毎日。しょうもない看板だけど意外と広告効果はあるのかも。ノド飴買おうってなるのかも。

じゃあ、あそこで恋人を募集したらどうだろう？

考えは当然のようにそっちの方向へ向かった。まともに看板を作れば金がかかるはずだけど、あんなもん、自作して田んぼの真ん中に勝手に立てておいても誰も文句は言わんだろうし。

5014－5019　これいーよ　これ行く！

いったいあの看板はどのくらいのサイズなんだろう。下調べのため、新横浜〜小田原間の畑に立つ、『727』と書かれた看板のそばまで行ってみた。

めっちゃデカイ…。

持参のメジャーでサイズを測ってみると、

縦4メートル、横8メートルもある。広さで言えば20畳。ちょっとした宴会ができる広さだ。これくらいないと、新幹線からは見えないのか。

こんなデカイ看板、どうやって作るんだ。紙に印刷するとしても、印刷会社にここまでデカイ紙あるんかな。

担当者は言う。

「ありませんね」

「いい方法はないですか？」

「10枚くらいの分割で印刷して、それを貼り合わせればできないことも…」

なるほど。それでいきましょう。

広告内容はすでに決まっている。恋人ボシュ―の一文と、顔写真。さらにケータイ番号と、覚えやすいようゴロ合わせも載せておく。５０１４-５０１９の上に『これい―よこれ行く！』。これなら数秒で通り過ぎる新幹線の客にも覚えやすいはずだ。

現物はめっちゃデカかった

テロリストと間違えないでくれよ

11月、土曜昼。

印刷所から届けられた10分割の巨大広告をワゴン車に積み、新横浜〜小田原間の田園地帯へ向かった。同乗者はヘルプ要員の男3人だ。

高架下に車を停め、さっそく貼り付け作業開始だ。まず左上に『恋』の字でしょ、次は『人』ね。おっと、電話番号は間違わずに貼ってくれよ。

1時間ほどで自作看板は完成した。

「でけー」

「マジでスゲー」

2メートルくらいあるオレの顔写真が爽やかに笑っている。なかなかいいぞ！

両端と真ん中に物干しザオをくっつけ、さあ、いざ立ち上げてみよう。せーのっ。

お、重い…。

メンバーの顔が曇った。まさか、こんなに重いとは。こんなもん、ずっと立て続けるわけにはいかんかも。

「みなさん、ここまで結構カネがかかってるんです。必死で頑張るように！」

説得の最中、ボディに「JR東海」と書いた車が近づいてきた。そばを徐行しながらゆっくり走り去っていく。新幹線大爆破を狙うテロリストと勘違いしないでくれよ。

電波の不安定な場所からはかけにくかろう

看板を立てる場所は、ライバル『727』よりも50メートルほど線路寄りに決めた。わっせわっせと4人で運ぶ。

「仙頭！　農家の人にめっちゃ見られてんぞ」

「どこよ？」

あのおっちゃんか…。うわ、こっちに来るし。

「あんたら、どっから来たの？」

「東京です。今日はいい天気ですね」

「ああ」

　ジロジロ不審な目で見ながら、おっちゃんは去っていった。まったく、これからってときにジャマしないでくれよ。

　さあ、では新幹線に向かって、看板を立てよう。いくぞ、みんな、物干しザオを持て！

　力を合わせろ！

　ゆっくりと広告が立ち上がった。その瞬間、目の前を新幹線が猛スピードで通り抜けていく。今ので3人は見てくれたな。

「よーし、もうすぐ電話がかかってくるぞ！」

「ホントかよー！」

「たぶんだけどね〜！」

「絶対ねーよ！」

　新幹線は次から次へと通り

過ぎていく。看板は3人で持ち、15分おきに1人が休憩というローテーションだ。

「おーい、そろそろ電話こないか？」

「車内じゃかけにくいだろ。駅に着いてからだよ」

誰かがいいことを言った。そう、オレもそう思う。恋人になるかもしれない男性に初めて電話するのに、電波の不安定な場所からはかけにくかろう。

「恋人募集の件ですか？」「お前、バカなの？」

看板を立てて30分ほど経ったときだった。突然、携帯が鳴った。非通知だ。

●もしもし～。
○あ、出た（男の声）。
●もしもし。
○……。
●看板を見てのお電話ですか？
○……。
●恋人募集の件ですか？　ぼくは男なんで恋人は女性を募集してるんですけど。
○お前、バカなの？

おーい、番号覚えろよー

電話は切れた。ま、イタ電が来ることは想定内だ。仕方あるまい。

先ほど挨拶した農家のおっちゃんがまたやってきた。じっと看板を見ている。

「これ、キミ？」

「…はい」

「大学生？」

「いや違います」

「まあ何でもいいや。うるさいこと言いたくないけど、ここ農道だからね。自分らが仕事に使うんだから、あんまりヘンなことはしないでよ」

「あ、はい。これ以上のことはしませんので」

おっちゃんは歩き去った。何をそんなに警戒してんのさ。

ずーっと立ててたら、ＪＲに怒られるよ

1時間が経過した。

「ぜんぜん反応ないねー。もう、しんどいんだけど」

「ホントだよ、疲れたよ」

「効果ないんじゃないの？」

男のくせに、もうへたりやがったか。バカが、まだ弱音を吐くのは早いんだよ。

上りはともかく下りの新幹線は、1時間前にここを通過したとしても、まだ名古屋にすら着

恋人
ボシュー
これいーよ　これ 行く！
08 5014 5019

いていない。つまり電話をかけたくてもかけられない女性が、今ごろ静岡あたりにうじゃうじゃいるのだ。

おっ、来た来た。非通知でかかってきたぞ！

●もしもし。
○看板の人？（男の声）。
●はい。男性はご遠慮してもらいたいんですが…。
○何でこんなことしてるの？
●恋人探しですよ。
○かかってくる？
●いえ、まだ女性からは…。
○はい、お疲れさん。

ここで電話は切れた。まったくヒマ人め。

あ、またあのおっちゃんが来たよ。面倒くせーな。

「あんたら、いつまでやるの？」

「一応、夕方くらいまで…」

「こんなんずーっと立ててたら、ＪＲに怒られるよ」

「え？」

「線路から何メートル手前は立てちゃダメって決まってんだから」

そんな決まりがあるのか。準備作業をしてたとき、ＪＲの車がやってきたのはその見回りだったのかも。

まあ、でも何メートル手前がダメなのかわかんないから、このまま続けるとしよう。

おっ、電話が鳴ったぞ。
●もしもし。
○もしもし（男の声）。
●もしもし。
○恋人紹介しましょうか？
●えっ？
○知り合いのコなんだけど。
●ほんとに？
○するわけねーだろ、バカ！
イタ電ばっかじゃん。

なんだか複数で旅行中みたいなノリだった

3時間が経過した。ときどき吹き付ける突風がツライのなんの。

電話はまだ男からのイタズラ3件のみ。そしてまたやっかいそうなのがやってきた。農家のおばちゃんだ。

「これ、新幹線に見せてるの？」

「はい、そうです」

「これあんた？」

「はい」

「写真のほうがイイ男だね。これいーよ？　これ行く？　ふーん…」

何やら納得した様子で去っていくおばちゃん。あなたはかけてこなくてもいいからね。

おっと、着信がきた。番号ちゃんと通知してきてるし、イタズラじゃないぞ！

●もしもし。
○えっ（女の声！）。
●もしもし～。
○もしもし！
●看板を見た方ですよね？

○これってマジなんですか！（テンションがやけに高い）
●もちろん本気ですよ。
○本気だって〜（周囲に話しかけている）。

突然、電話は切れた。折り返しかけてみるか。いや、でもあの感じ、なんだか複数で旅行中みたいなノリだったしな。それに声も若かったし。修学旅行とかそんなのかな。折り返したらキモがられそうだぞ。

夕方になり、かなり風も出てきた。また農家のおっちゃんが荷物をまとめてこっちへ歩いてくる。

「まだやってんの？」
「…もうちょっと」

農家のみなさん
すみませんでした

「そろそろにしといたら」

「わかりました」

「あ、それ、ちゃんと持って帰ってよ。そのへんに捨てて帰らないでよ」

「はーい」

そして日が暮れ、看板作戦は終了となった。

「友達と一緒なんですか？」「修学旅行なんでぇ」

撤収中も、東京に戻ってからも、オレの携帯は鳴らなかった。イタ電すらゼロだ。いったいみんな、新幹線の中で何やってんだよ。寝てるだけかよ。

唯一残った可能性は、あの若そうな女子グループだけだ。番号わかってるし、ちょっとかけてみよっかな。まだ夜10時前だしいいでしょ。

トゥルル、トゥルル…。

「はい？」

やっぱり若い女子だ。今度は声が鮮明に聞こえる。

「あの、新幹線の看板見てかけてくれましたよね」

「えっ、あぁ、マジ？」

電話の向こうがキャーキャー騒がしくなった。

「友達と一緒なんですか？」

「修学旅行なんでぇ」

ああ、やっぱそういうことか。

「てことは高校生とか？」

「はい」

後ろからキャーという声がかぶさってきた。何を騒いでんだ。

「何だか賑やかだけど、どこにいるんですか？」

「京都です。えっ、ほら、あの写真の人」（どうやら周囲に話している感じ）

「学校は東京？」

「え、東京なんですか？」

「いや、そうじゃなくて、あなたの学校は東京？」

ここで急に電話口に別の声が出た。

「こんにちはー」

「どうも、お友達？」

「そうでーす。電話かかってくるんですか？」

「いや、キミたちだけだよ」

「うけるーー。電話代わりますね」

そしてまたさっきの子だ。

「それじゃあ、切りますねぇ。頑張ってくださーい」

騒々しいまま、電話は切れた。

女子高生どもから電話があった！

修学旅行で新幹線に乗って京都へ。このパターンからして、彼女らは関東の高校生である可能性が非常に高い。ということは今から数年、関係を温めれば、お付き合いに至ることもありえるってわけだ。

もちろん問題はある。あのノリからして恋人募集を真に受けたとは思えないし、あの最後の切られ方も迷惑感がたっぷりあふれていた。

さすがにこちらからはもう電話できない――。

というわけでこれにて終了。なんの成果もなく、看板作戦は幕を閉じた…。

と思ったら、なんと、それから2週間ほど過ぎた11月半ばになって、その女子高生どもから電話があったのだ！

相手が子供だけに、オレは正直に伝えた。恋人が欲しいのは本音だけど、実はコレは雑誌の企画でもあることを。

「お友達みんなと一緒でいいから、ちょっと話でも聞かせてもらえないかな？」

「読者モデルとかですか？」

「いや、そういうんじゃないけど、ま、会うだけっていうか」

「ああ、いいですよ」

「ところで場所は東京？」

「原宿のマックですけど」

おー、なんてベタな。今すぐ行くわ！

予定では、ここから女子高生たちとの朗らかなひとときを報告するつもりだった。メル友になり、じっくり関係を温めている段階で本ルポは終了すると考えていた。

しかし若者はそんな期待をあっさり裏切ってくれた。マックから電話するオレに、かわいい声はこう返してきたのだ。

「すいません、友達が拒否ってるんでやっぱりやめときまーす」

どうか今度は一人きりでさみしいときにかけてくれと願う毎日だが、たぶんそんな機会は訪れないだろう。

『裏モノＪＡＰＡＮ』２０１３年1月号掲載

メル友になりたかったのに！

あれから

オレのナンパ作戦は、ヘルプ要員が必要な場合が少なくない。ヤクザ役（P160）とか、占い師役（P142）とか。

でも、この新幹線企画の協力者を探すときは、「めっちゃシンドそうじゃん」「そもそもバカバカし過ぎだろ」って、けっこう断られまくった。

そんなわけで、引き受けてくれたこの3人には、マジで感謝だった。ちなみに彼ら、サブリミナル作戦（P82）のメンバーでもあります。

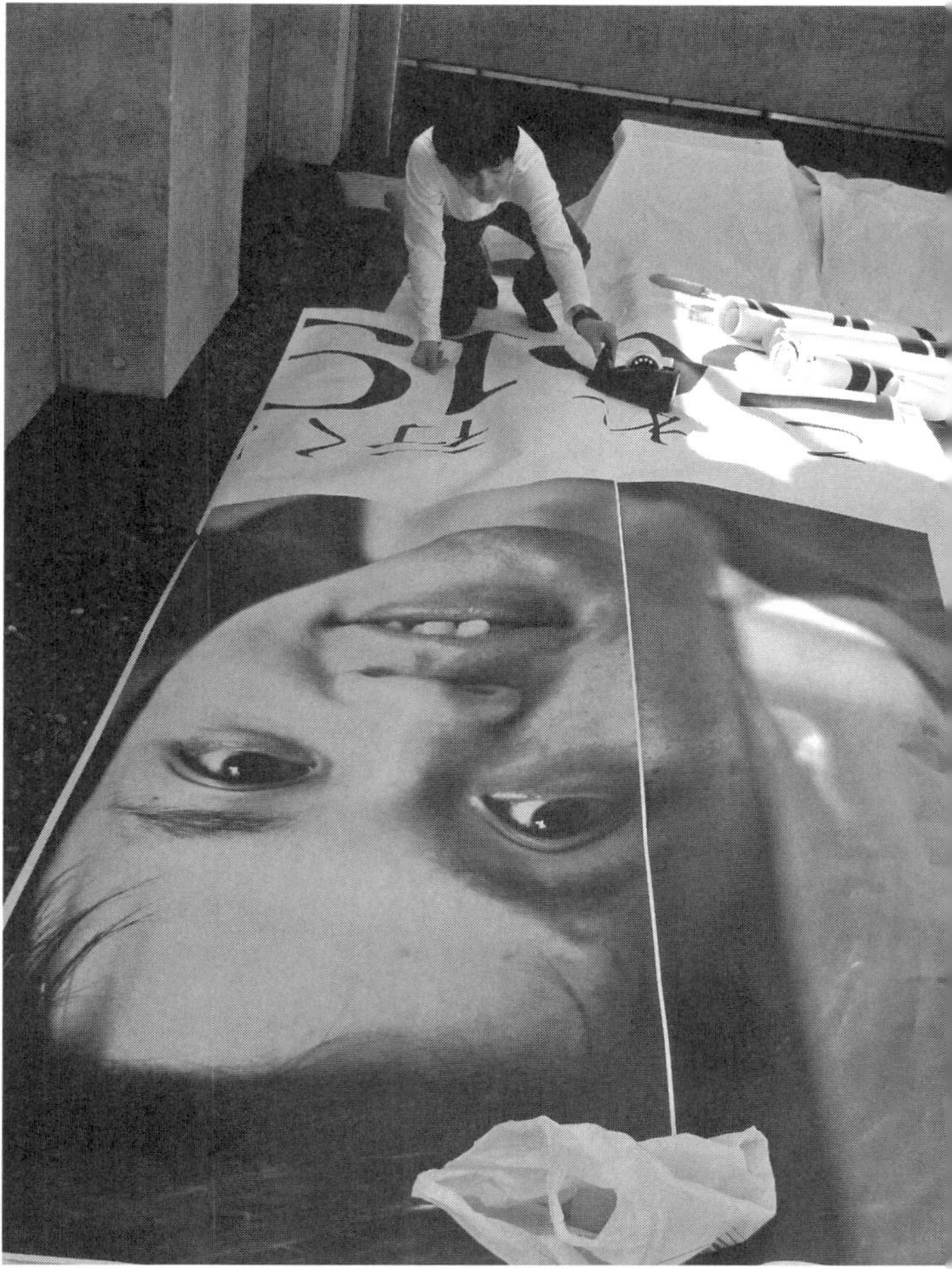

石焼～きイモ～！美味しかったらメールちょうだいね～

前項の新幹線看板作戦で、ちょっと懲りた。オレみたいになんの武器もない男がいきなり恋人募集したって、女は興味を持ってくれないものだ。

だから考えた。オレ自身に興味を持ってもらうんじゃなくて、女がすでに興味を持っているモノにあやかって接近を画策するのはどうか。

たとえば、嵐グッズを販売するニイちゃんは、嵐ファンと親しくなる機会が当然多いだろう。たとえば、ヴィトンの売り場にいる青年は、おしゃれな客とねんごろになるチャンスもあるだろう。そういうことだ。

ならば石焼きイモ屋のニイちゃんは？

悪くないと思う。この季節（12月）、あの食い物ほど女どもを夢中にさせるものはそうない。さつまイモを焼いただけなのに、女どもはこぞって口に頬張り、笑顔になる。甘いのに美容にもいいのよ、とかなんとか言いながら。

自然と、その売り主にも好感を抱く。は言い過ぎだけど、少なくとも悪感情はもたない。軽いおしゃべりから、徐々に男女の仲へ発展する流れも想像しやすい。

よし、作戦は決まった。

イモと一緒にメアド入りチラシを渡す

調べてみると、焼きイモのトラック販売は、誰でも勝手にできるらしい。あんなに熱いもんを荷台に積んでるのに、めんどくさい申請や許可が不要なのだ。

そうとわかれば話は早い。レンタカーに、焼きイモレンタル道具を積み、垂れ幕やちょうちんをつければ、それでもう開業だ。

かくして焼きイモトラックは完成した。「石焼きイモ〜」の音源だけはどこにも売ってなかったので、マイクを使って自分でしゃべるとしよう。

もちろん、ただイモを売るだけでは駄目だ。移動販売なので女客とは何度も顔を合わせられない。一回こっきりの接点だけで親しくなるためには作戦が必要だ。

イモと一緒にチラシを渡すのはどうか。感想を聞かせてくれとメアドを記しておくのである。ふふ、賢いな、オレって。

決行日、昼。スーパーで買ったさつまイモを焼き、ハンドルを片手に、出来上がるのを待って出発した。ハンドルを片手に、自作のイモを食べてみる。うん、まあまあだな。

焼きイモセットは業者からレンタル

こんな格安価格、寮の中は大騒ぎになってるはず

走ることしばし。目星をつけておいた場所にやってきた。某大学の女子寮前だ。

マイクのスイッチを入れる。

「い〜しや〜きイモ〜。や〜きイモっ！甘くておいしいやきイモだよ〜。1本100円！」

普通は300円くらいするもんだ。こんな格安価格、寮の中は大騒ぎになってるはずだぞ。

ところが5分経っても誰も買いに来ない。おかしいな？　全員留守なのか？

「みなさん、いもやマー君の、石焼きイモはいかがですか〜」

このチラシがポイント

と、入り口からジイさんが出てきた。

「ちょっと」

「はい、1つ100円ですが」

「いりませんよ。私、この寮の職員。真ん前でこういうのしてもらったら困るんですよ」

「……別にヘンなことは」

「ここ私有地。移動してもらえませんかね」

「……」

ジイさんはこちらをギロリと睨んでくる。撤退だ。

女子寮を離れ、住宅街を流すことにした。

「おやつに、焼きイモ〜、いかがですか〜」

前から女の子グループが歩いてきた。

女子寮前からはすぐに追い払われる

「甘くて甘くて甘いですよ〜」

スルーされる。おっと今度はOL風だ。

「お肌にも、いいですよ〜。いしや〜きイモっ」

駄目だ、またスルーだ。

いったんトラックを人通りの多い渋谷の路上に停める。石焼き機のフタを開けて匂い攻撃だ。どうだ、この香ばしい香りは。

「焼きイモくださーい」

初のお客様は男女カップルだった。ちっ。お前らには売れないとも言えんしな。いちばん焦げたの売ってやる。

その後はオバチャンが2、3人続き、そしてようやく一人の女の子がやってきた。

「いらっしゃい」

男に売れてもしょうがないんだよなぁ

「1つくださーい」

「おいしいの選んであげるよ」

紙袋にイモを入れて渡す。

「熱いから気を付けてね」

「はーい」

「よかったら感想ちょうだい。何でもいいから」

ごくごく自然な流れで例のビラを渡す。よしよし、この調子で次々いこう。


「安納いもだって！」「私も買おうかな」


が、勢いはすぐ止まった。イモの種類が悪いせいで、あまりいい匂いが漂ってないのかも。

急きょ、農協で「安納いも」という鹿児島産高級いもを買って焼き始めた。

さらに、コンビニの焼きイモも買って、石焼き機に放り込む。プロの作ったもんだから、それなりにいい匂いもするはずだ。

「い〜しや〜きイモ〜。絶対においしい焼きイモだよ〜、マズかったらお代はいりませんよ〜」

自信満々にアピールしていると、女性客が来た。

「1つくださーい」

不味いイモでは感想メールも来そうにない。コンビニイモを手渡す。

おっと、次はおばちゃんか。あんたはスーパーの安いのでいい。30円にまけてやるし。

そうこうするうちに安納いもも焼き上がった。高価なだけあって、抜群に甘い。感想も期待できそうだ。女子大近辺にでも行ってみよう。

通学路でスタンバイしていると、女の子がやってきた。

「いらっしゃい。安納いもっていう甘い種類があるんだけど」

「安納いもあるんですか」

へぇ、知ってんだ。さすが女は焼きイモに詳しいな。

「100円で安納いもは安いですよね」

「うん、まだ始めたばかりだからサービスでね」

「へー、ツイッターで宣伝しときますよ」

えらいコだ。おまけして50円にしてあげよう。

次の客は女子4人組だ。安納いもと聞いてキャッキャと騒ぎだした。

安納いもで勝負だ

結構、売れるもんだ。さすが焼きイモ!

「安納いもだって！」
「１００円だって」
「安いよね」
「私も買おうかな」

4名様お買い上げだ。感想待ってるよ。

その後、30円にまで値下げして、女子大周辺を中心に売りまくり、30枚以上のビラを配り終えた。そろそろ食べ終えてメールくれる子がいてもいいころだけど。

「車じゃないんですか？」「うん、故障しちゃって」

メールは1通だけ届いた。あんなに売りまくったのに、感想は1人だけ。よっぽど不味かったのか。コンビニ、もっとしっかりしろよ！

さて、愚痴はさておき、その1通の内容だ。

〈おいしかったですよー（＞－＜）〉

たったの一言だけど、顔文字にぬくもりが感じられる。

さっそく返信だ。

〈いもやマー君です。おいしく食べていただけてよかったです。本日、新作いもが出来上がりました。よかったら食べていただけませんか？　お代はいりませんし、お近くまでお持ちします〉

最初から作戦はこれに決めていた。メールでぐだぐだやるんじゃなく、まずはもう一度再会しないと。どうせ味の微妙な違いなんてわかんないんだし、コンビニのイモを新作と言って渡せばありがたく思うだろう。

〈いいですよー。いつがいいですか？〉

〈明日の夜はどうですか？〉

〈夜10時以降で、●●●（地名）なら大丈夫です（＞－＜）〉

レンタカーの軽トラはすでに返却してしまっている。電車で向かうとしよう。

最寄りのコンビニで買った焼きイモを包み直してから、教えられた住宅街を歩いて向かうと、自動販売機前に女が一人で立っていた。

「どうも。お待たせです」

「こんばんは」

ほうほう、こんな子いたよな。どこで売った子か思い出せないけど。

ガードレールに座って
新作を頬張る

「車じゃないんですか？」

「うん、ちょっと故障しちゃって」

怪しむ隙を与えぬよう、すかさずコンビニの焼きイモを差し出す。

「これが新作なんで、食べてみて。どうぞどうぞ」

「あ、いただきます」


「お家、近いの？」「それです」


自販機の前に並んで座り、彼女が焼きイモをボキッと折る。

「安納いもじゃないんですね」

「そうそう、イモの種類を変えてみたんだ」

2人してほくほく食べる。

「まあ、これはこれでいいと思いますよ」

私は好きですよ、売れると思いますよと、いろんな表現で褒めてくれる。コンビニ、よく頑張ったぞ、偉い！

食べながら彼女が質問をしてきた。

「いつも、あんなふうにマイクでしゃべってるんですか？」

「あ、まあね」

「あんなマイクでしゃべってるの、初めて見ましたよ。あんのーいも、焼〜きたてっ、ですよね」

オレの真似をしている。なんかイイ子。

「上手いじゃん」

「あんのーいも、焼～きたてっ（笑）」

いい印象を持たれていることは間違いないと思われる。性格良さそうだし、ここはヤるヤらないとかじゃなくって、真面目にお付き合いの方向で考えたい。

「上手いから今度、助手席でやってみる？」

「え～、無理むり、無理ですよ～（笑）」

「女の子の焼きイモ屋、ウケると思うんだけど」

「いやー、恥ずかしくって無理ですって」

腕をポンと叩かれた。そうですか。ボディタッチと来ましたか。やっぱヤるヤらないで考えようかしら。

「お家、近いの？」

「それです」

数軒先のマンションだった。近すぎる。安納いもよりオイシイ状況だ。

「う～、なんか寒くなってきたよ」

わざとらしく震えてみせる。どうだ、おイモのお礼に粗茶でも一杯どうぞとなる場面だぞ。

「風邪ですか。じゃあ私、コンビニ行くんで一緒に駅行きますか」

なんでそうなる！　寒いんだから歩かせるなって！

とぼとぼと駅へ向かう途中で、彼女はちょこんとお辞儀をした。

「じゃあ、私ここで」

入っていったのが焼きイモを買ったコンビニじゃなかったことがせめてもの救いだった。


『裏モノJAPAN』2013年2月号掲載

あれから

ケバブ屋とかクレープ屋とか、他の移動販売車でのナンパ作戦も考えてみた。こんなのはどうだろう。

お花見や花火の会場では、必ずといって言いほど女子トイレの前に行列ができており、女たちがモジモジしている。あー、漏れそうなんだけど。そのヘンでしちゃおうかな。いや、さすがにマズイか…。

とそこへ、軽トラがやって来る。荷台に仮設トイレを載せて。

「トイレ屋～っ、トイレ屋っ！　使い心地の感想を～、LINEしてくれる女性なら～、無料でご使用できますよ～」

どうだろう。盗撮を疑われて通報されたりして？

旧年中はご厚誼をたまわりまして
大変ありがとうございました。

みなさまにたくさん福が来ますようお祈りいたします。
本年も何とぞよろしくお願い申し上げます。

覚えてますか？同級生の仙頭です。
元気でやってますか。

〒[redacted]
東京都三鷹市[redacted]
仙頭正教・直子・露美男（2才）

正月は
高知にいるので、
良ければ連絡ちょうだい。

[redacted]@ezweb.ne.jp
仙頭正教

クレイジーナンパ大作戦⑭

同級生の女子200人に年賀状を出せば1人ぐらいは再会セックスできるはず!

同級生とのセックスに憧れる。昔クラスが一緒だった女のコと同窓会で再会し、変わってないねーとか言いながら酒を飲んでるうちに——。

自分は経験ないが、まわりからそういう話を聞くたび羨ましく思ってきた。同級生とのセックス。想像するだけで興奮する。

しかし、待てど暮らせど同窓会はなかなか開かれない。自分で開催するという手もあるが、さすがにちょっと大変だ。

どうすればいい?

天才マー君(オレ)は素晴らしいことを考えついた。会合など開かなくても、個別に攻撃すればいいじゃないか。年賀状によって。

年賀状は便利なものだ。いきな

り届くのもちょっとオカシな気分だろうが、もらって不快なもんじゃないし、礼儀上、なんらかの返事はすべきと考えるはず。それを機に、再会して、酒を飲んで……。イケるぞ、この作戦！

堅物とバカ、どっちが気楽に会えるか

さっそく小中高のアルバムを引っ張り出してきた（Ｐ２１７参照）。載っているのは、当時の実家の住所なので、もちろん宛先不明で戻ってくるものや、本人の目に触れぬままのものもあるだろう。そういう意味でも、数は撃たねばならない。

というわけで年賀状は、同級生の女子全員（約２００人）に送りつけることにした。惚れた子もいれば、眼中になかった子もいるが、誰であれ同級生に変わりはない。セックスできればさぞかし燃えるだろう。

さて、そこで問題となるのは賀状の中身だ。

現在オレは34歳。独身でもまったくおかしくないが、再会を狙うなら既婚者設定のほうが安心感を与えるように思う。子供もいたほうがいいだろう。

なにより家族がいるなら写真を載せて、こちらの今のルックスを伝えられる。独身者の味気ない年賀状よりはずいぶん印象がいい。軽く連絡してみたくなりそうなものだ。

ではニセ家族写真の用意だ。子供役は、裏モノ編集部の先輩フジツカさんの息子（当時２歳）に、奥さん役は、バイト嬢にお願いするとしよう。

撮影日。フジツカ宅で息子さんと対面した。

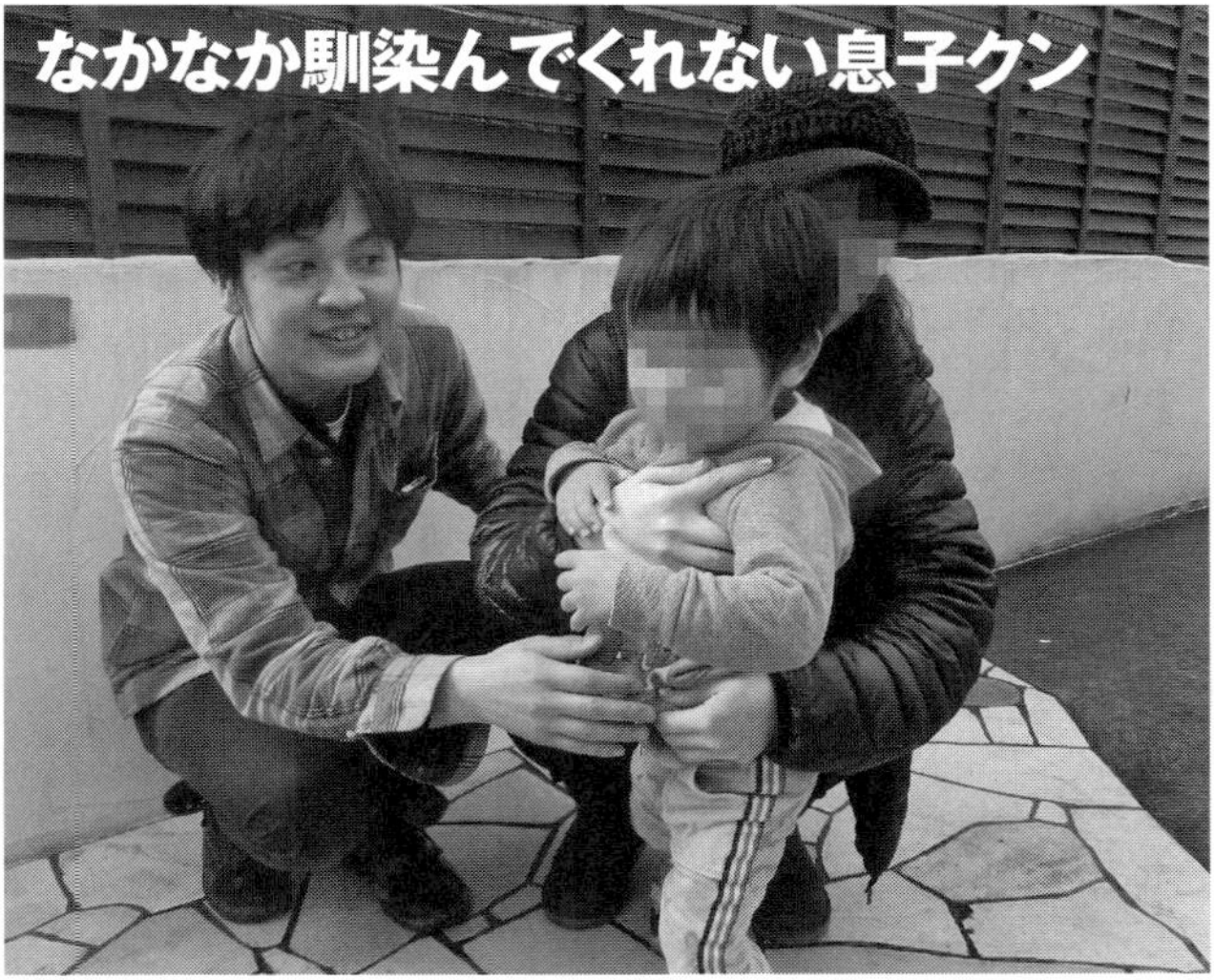

なかなか馴染んでくれない息子クン

連絡くれよ〜

「ぼくぅ〜。よろしくね」

「……」

「今日はお兄さんお姉さんたちの子供だからね〜」

「……」

反応が悪い。生意気なクソガキだ。玄関前で、部屋のソファで、ガキを抱き上げてにこやかに撮影する。こら、逃げようとするな。ちゃんとカメラを向けよ。どつくぞ！

無事、それっぽい写真が撮影できたら、次は文面だ。プリント部分は、新年の挨拶文、住所、家族の名前など無難な内容にしておき、空白部分に、個人的なメッセージとメアド&携帯番号を手書きで記しておくとしよう。

ここでオレはさらに一手間を加えることにした。息子の名前をバカっぽいキラキラネームにしておいたほうが、女側に『気楽に再会できる感』を与えるのではないか。

考えてほしい。マジメで堅物になってそうな同級生と、ちょっとバカで陽気そうな同級生。二人きりで会うとすれば、どちらのほうがお気楽かを。答えは言うまでもない。

息子の名前は決まった。

「露美男」

裏面の印刷が終わった12月半ば、同じクラスになったこともない子、しゃべった記憶もない子、アルバムを見返しても誰だかわからない子などを含め、同級生およそ２００人分の住所をしたため、すべてをポストに投函した。

小学生のマー君です

女子全員に送ってやる!

地味すぎてまったく記憶にない

その年の元旦。故郷、高知の実家で新年を迎えた。正月がこんなに待ち遠しかったのは生まれて初めてだ。

空白スペースにはわざわざ『正月は高知にいるので良ければ連絡ちょうだい』と、メアドや番号と一緒に付記してある。再会の見込みのある子ならば、東京の住所へ返信するのではなく、携帯に連絡をくれるはずだ。

ところが、昼を過ぎても夜になっても、連絡は来ない。いったいみんな、何なんだよ。懐かしくないのかよ。ダンナの実家にでも寄ってて、まだ賀状を見てないの？

翌2日の昼、見知らぬアドレスからメールがあった。

〈年賀状ありがとう。旧姓片野由佳です。もちろん覚えてるよ～。久しぶりでびっくりしたけど嬉しかった。私も今、高知に帰ってきてます。せっかくだし飲みに行こう！　と言いたいところですが、1ヵ月半前に娘を出産したばかりなのよ。残念〉

高校時代の同級生だ。さすがにそんな小さな赤ちゃんがいるようでは、派手な展開は望めない。あきらめよう。

そして同日夕方、また新たなメールが。

〈仙頭くん、お久しぶりです。お年賀、ありがとー。山本美紀です。元気でやってますよー。本当に懐かしいね。高知にはいつまでいますかー（^－^）v〉

山本美紀？　誰だ誰だとアルバムをめくってみたら、中3のときに一緒のクラスの子だった。地味すぎてまったく記憶にない。しゃべったこともないのでは？

でもまあいい。電話番号が書かれていたので、さっそく電話してみることにした。

トゥルル、トゥルル…。

「はい？」

「仙頭です！　中学のときに一緒やった仙頭やけど。覚えてる？」

「えっ？」

一瞬、間があったあと、弾んだ土佐弁が返ってきた。

「覚えちゅうよ。仙頭くんやろ。ほんと久しぶりやね！」

20年ぶりだ。さすがに緊張す

山本さんは中3のクラスメイトだった

るぞ。

「年賀状の写真見たよ。変わってないね」

「山本さんのほうは？」

「うーん、あんまり変わってないとは言われるけど。仙頭くんはもうお子さんおるがやねえ」

「山本さんは結婚は？」

「私はまだ一人」

ふーん、そうなんだ。となると既婚設定は裏目に出るかもな。独身のほうが会いやすかったか。

山本さんは中学を卒業後、地元の高校に進み、その後もずっと実家で家族と暮らしているそうだ。

「仙頭くん、高知には少しおるがかえ？」

「しばらくね。明日とか会わんかえ？」

「えいねー」

そうこなくっちゃ！

「ちなみに、ぼくのことはどう思ってたの？」

1月3日、夕方6時。繁華街、帯屋町の待ち合わせ場所に、コート姿の女性が立っていた。

「あ、仙頭くん！」

「ははっ、どうも」

どちらからともなく手を差し出して握手だ。

「久しぶり」

「元気してた？」

胸にこみ上げてくる感動みたいなのは、意外とない。なんといっても、名前を聞いてもピンとこなかった子なのだ。

「高知にはよく戻ってくるが？」

「お盆とお正月くらいかな」

あっ、久しぶり？
（ほとんど覚えてないが）

「そうながや」

何からしゃべっていいかよくわからないまま、帯屋町をブラっと歩き、飲み屋のカウンターに並んで座った。

「かんぱーい」

「久しぶりー」

会話のネタにと持参した卒アルを鞄から出す。

「持ってきたがや！　中学校の卒アルなんて見るの何年ぶりやろ」

彼女は楽しそうにページをめくりながら、同級生たちの〝今〟を教えてくれた。何とかクンが飲み屋をやっているとか、誰さんと市役所で会ったとか。担任の先生が心の病になってるとか。さすが、ずっと高知に住んでいるだけある。

「仙頭くんはどのコと仲良かったが？」

「まあ、竹内とか直人とか。女子は、他のクラスやけど桑名さんが好きやったよ」

「桑名さん人気あったきね」

彼女はニコニコ笑っている。

「山本さんは誰が好きやった？」

「そういうの聞くー？」

「教えてよ」

「えー内緒でえ」

そう言いながら、山本さんが某男子の写真を指さす。

「彼とはけっこう仲良かったかな」

そうなんだ！

「ちなみに、ぼくのことはどう思ってたの？」

「仙頭くんのこと？　うーん、あんまり接点がなかった気がする」

ハッキリ言うなあ。

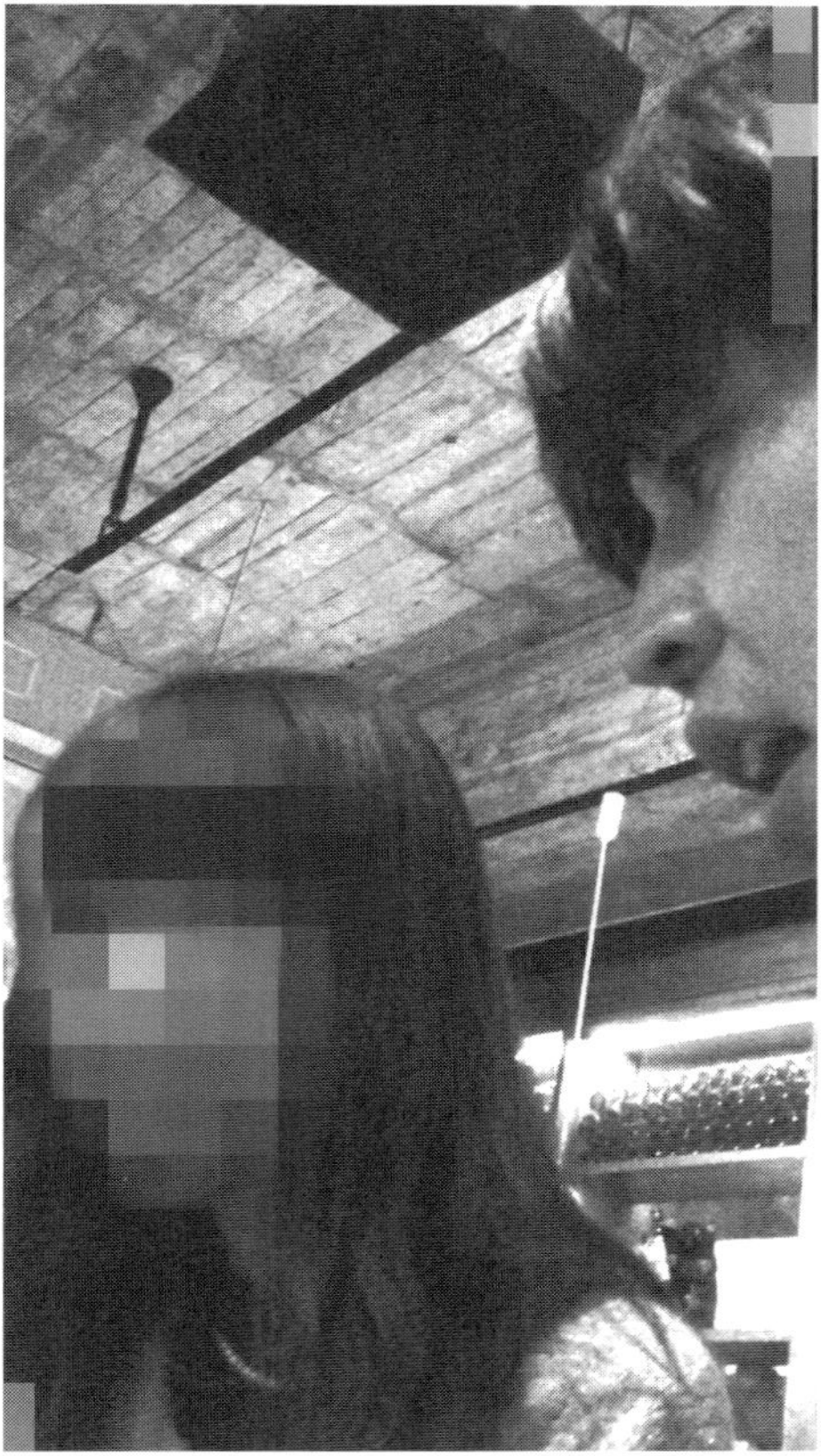

接点はなくても会話は弾むものだ

でも、その接点のなかった男にこうやって会いに来てくれるんだから、同級生の関係ってのはどうにも面白い。

「でも仙頭くん、奥さんと仲良さそうだよね」

中学バナシが一段落すると、卒業後、これまでどう過ごしてきたかの話題になった。

山本さんは、なかなかのキャリアウーマンだった。差し出された名刺は高知の一流企業だ。仕事の話を聞いてると、優秀さが伝わってくる。

一方のオレは、後々、企画がバレるのを恐れ、職業を正直に言おうか迷っていたが、自分で白状する前に彼女に指摘された。

「昨日、フェイスブックで仙頭くん見つけたがやけど。佐川で働きゆうがや」

なんと、過去に『裏モノＪＡＰＡＮ』でやった「〝佐川男子〟ナンパ」企画のコスプレ写真を見られたらしい。うん、それでいっとこ。オレ、佐川で荷物運んでるんよ。

高知の人間だけあり、山本さんはよく飲み、自分ももちろん飲む。ビールやワインがいいペースで進んでいく。

「カレシはいないの？」

「いないよ。去年の春にちょっと付き合った人がいたがやけどダメやった」

苦笑いの山本さん。なかなか上手くいかないんだよねーと顔に書いてある。

「でも山本さん、美人だからすぐにまた見つかるよ」

高知もずいぶん変わったなぁ

「そんな美人じゃないき」

「美人だって。オシャレだとも思うし。ぼくが独身だったらゼッタイ口説くよ」

「えー、ありがとう。でも仙頭くん、奥さんと仲良さそうやね」

結婚はいつしたの？　子供さん2歳だっけ？　一番かわいい時期でしょ？　そんな問いかけに対してウソをつきまくってるうちに、こんな質問も。

「お子さんの名前、何て読むが？」

「ああ、ロミオ」

と言った瞬間、山本さんの口元がニタリとゆがむ。

「……今っぽい名前やね。うん、ぜんぜん大丈夫やと思う」

大丈夫？　なんじゃそれ。オレ、大バカだと思われてる？

まったく接点がない2人のこと、いったいどうなることやらと心配だったが、飲み交わしてみれば、それこそぜんぜん大丈夫だった。語って語って4時間以上。共にすっかりいい感じで酔っぱらってしまってる。

彼女の腰が自発的に動いた

ここまで来たらあとはプッシュのみだ。飲み屋を出て帯屋町をブラっと歩き、中央公園のイルミネーション前でツーショット写真を撮り、軽く手を握ってみる。

「あったかいね」

「ははは っ」

うわ〜、急に緊張してきたよ。この子、同級生だよ。すごく地味で、教室のどこにいるかわからなかったような子だよ。いいの？　いいの？

しかしもう止まらない。手を握ったままずんずん歩き、いよいよラブホのすぐ目の前に。よし、入ろっと。

山本さんがぎゅっと足を踏ん張った。

「ダメやって」

照れるか。そりゃそうだよな。でもこっちだって照れくさいんだよ。道路上で、勢いよくガバっと抱きつく。彼女はうつむき、体を固くした。

「…ダメやって」

ネコが泣くような声だ。本気の嫌がり方じゃない。同級生の間でヘンな噂になることを恐れている程度だろう。

「何もしないよ。眠いだけだから」

「わかった…一応泊まるけど、寝るだけやからね」

ちょっとした言い訳を与えてあげるだけでいいなんて、土佐の女はラクだなぁ。

寝るだけとか言ってた彼女は、ホテルに入ってすぐ「シャワー浴びる？」と勧めてきた。なによ、ヤル気じゃん！

交互にシャワーを浴び、彼女がバスタオル巻きで出てきたとたん、ベッドへ押し倒した。

「ダメやって」

まだ言うか。キスしようとしても、顔をさっと背ける。

「…ダメやって。ね、やめよ」

そんなことを言われても我慢できるはずがない。オレは柔道ワザのような状態で、ずっとおおいかぶさり続けた。

ふと、山本さんの体からすーっと力が抜けた。やっとこさ降参したようだ。

バスタオルを剥ぎ取り、小ぶりのおっぱいと、形のいいお尻を撫で回す。そしてアソコに手を。めっちゃ濡れてるじゃん。

「あっ、あん」

小さな声が漏れた。こんなアエギ声だったんだ。

さらにアソコに顔を近づけ、舌をはわせる。やや大きめのクリがぴょこんと顔を出している。地味な中学生でもクリちゃんは成長するんですね。

「ダメ、イクっ」

クンニだけで彼女はイッた。

グッタリしてる体をぎゅっと抱きかかえ、対面座位の体勢にし、ゆっくりと挿入していく。

「あ、ああん」

彼女の腰が、自発的に動いた。あの目立たなかった山本さんが、チンコをずっぽりくわえたマンコを、自らの意志で、こすりつけるように、前後にグイグイと。

凄すぎる！　もうイキそうだ！

あの地味だった子が
こんなことに……

大成功を収めた今回の作戦だったが、東京に戻り郵便受けを確認したところ、ただの一通も返事がなく、ちょっと落ち込んだ。初恋の女子も同じ流れでモノにしたかったのに。

『裏モノＪＡＰＡＮ』２０１３年３月号掲載

あれから

山本さんは今、どうしてるだろうか？　３年前は独身で高知に住んでいたが、現在も地元にいるだろうか？　またヤレたりしないかな。久しぶりにメールしてみましょう。

〈お久しぶりです。中３のとき一緒だった仙頭です。最近あんまり高知に帰ってないので、そっちはどうかと思って連絡しました〉

〈めちゃくちゃ久しぶりやね。３年前以来かな。仙頭君は東京にいるのかな？　私は今、香川におるよ。月１くらいで高知に帰るけど〉

返事が来たぞ！

〈返事ありがとう。へー、香川にいるんだ。仕事関係？　もしかして結婚かな??〉

〈そうそう、去年、結婚しました!!　旦那は高知の人なんだけど、四国内での転勤がたまにあって、私もそれに付いて来てて！　専業主婦です（笑）〉

新婚か。よくぞ聞いてくれたって感じの幸せオーラが溢れてるな。

〈おめでとうございます。3年前に会ったとき、山本さんの過去の悲しい恋バナを聞きまくったし（笑）、幸せを掴んでくれて嬉しいね。旦那さんはどんな人なの？〉

〈そんなに悲惨話したっけ？　忘れて忘れて～！　旦那は6コ上で、電力会社に勤めてる普通の人。ちょっとハゲかけてるから、私はそれをどう止めようか考え中です！　仙頭君も、ハゲに気を付けて、奥さんも大事にして頑張って下さい。ではでは～〉

ではでは～と会話を切られてしまった。ま、新婚じゃあ攻めようがないな。

ヒャダインのファンよ

クレイジーナンパ大作戦⑮

そっくりさんに抱かれてみないか

『笑っていいとも！』や『情熱大陸』にも出演したぐらいだから、知ってる人もある程度いるはずだが、まだ国民的有名人とは言えないだろう。

ヒャダイン。

誰やねん。歌手やタレントとして活動する32歳の男（当時）で、今をときめくアイドル〝ももクロ〟の音楽プロデューサーとして知られている。10代後半から20代半ばぐらいの若者なら、3人に1人は顔や名前を知ってるレベルか。

オレ、そのヒャダインに似てると、ずいぶん前から言われてきた。ちょっと眠そうな目、長いまつげ、鼻筋、口元など、確かに似てるような気がする。

この状況、モテ利用できないだろうか。たとえば全国に数人いるであろう福山似やキムタク似は、地元でヤリまくっているに違いない。イケメン系に限らない。上島竜兵似だって、ダチョウのファンにならキャーキャー言われていることだろう。

ならば、ヒャダイン似が、ヒャダインファンのそばに行けば？

ニコ動カフェの反応は「あー、ぽいですね」

ヤツのCDジャケット写真を参考に、ボーダージャケット&野球帽でキメたところ、瓜二つになった。

その格好で、まずは原宿へと向かう。ヒャダインはニコニコ動画で人気に火がついて世に出た人物だ。竹下通りにあるニコ動直営カフェならば、いわゆるネット文化に染まった女子も多く、ヒャダインのことも知っているだろう。

カフェのビルからちょうど女子2人組が出てきた。おっ、こちらをチラっと見たぞ。話しかけたいのかな？

話しかけられなかったので、階段を上って、2階のカフェへ。店内には若い女の子がいっぱいいた。奥のステージでは、いかにも駆け出しっぽい男子グループの握手会をやっている。

ドリンクを注文し、窓際のカウンター席に陣取る。隣はパンケーキを食べている2人組女子だ。チラチラ見ていると目があった。内気そうなので、こっちから話しかけてあげよう。

「ここにはよく来るの？」

「あ、たまにですけど」

「ぼくもなんだよね」

「ふーん」

ニコ動カフェの冷ややかな人たち

興味なさげな反応だ。

「キミたちは、あのステージの人たちが好きなの？」

「そうですよ」

「へー。ぼくは誰が好きでしょうか？」

「えっ？」

「ヒャダインが好きなんだよね」

「あー…、ぽいですね…」

反応薄っ。

続いて、カフェ内の物販コーナーでも軽い声かけをしてみたが、ヒャダイン自体を知らない子もいて、どうにもしようがなかった。


「さっき通ったとき、本人かと思いましたもん」


次はももクロのイベントに突入だ。この会場ならヒャダインの知名度は１００％、会話が噛み合わない心配はない。

会場周辺は人で溢れていた。当然ながら、ファンは男のほうが圧倒的に多い。

おっと、コインロッカー前に揃いのももクロパーカーを着た女子２人組が。行くぞ。

「いいね、そのパーカー」

「あ、どうも」

「やっぱりイベントは服装キメてきたほうが楽しいからね」

「そうですね」

「ぼくもこのボーダーのジャケットがそれっぽいでしょ？」

「えっ？　もしかして、ヒャダイン？　似てる似てる〜」

少々押しつけた感はあるが、興味は持ってくれたっぽい。

「せっかくだし、よかったら一緒に会場入らない？」

「…あ、他に友だちも来そうなんで、すいません」

ちっ。

イベント中はおとなしく過ごすしかなかった。客席が女エリアと男エリアで区切られているんだから動きようがない。

イベント終了後。会場周辺には、余韻に浸るファンたちがダラダラしていた。

女2人組に突入だ。

「おつかれさまです」

「どうも」

次はももクロのライブだ!

「楽しかったですか」

「はい」

　2人は顔を見合わせている。そのアイコンタクトは何だろう。

「ぼくは、ヒャダインが出てなかったのだけが残念で」

「そうなんですか」

　あれ。この流れなら「似てますね！」→「ウチらも好きなんですよ」→「飲みに行きましょう」だろうが。そうなんですか、で終わりかよ。

「ほら、ぼく、ヒャダインに似てるって言われるから」

「そうなんですか」

　うわ～、こりゃ、寒いニイちゃんみたいに思われてるぞ。さっさと撤退だ。

　お次はパーカーの女のコだ。見たところ連れはいないが…。

「おつかれさまでーす」

「あ、はい」

似てても興味はないらしい

「そのパーカーの色、ムラサキ推しなの？」

推しとはどのメンバーのファンかという意味で、さっきのイベント中に覚えた言葉だ。

「ぼくはヒャダイン推しなんだよね」

「あっ、たしかにヒャダインっぽいですね」

きたきた、この反応を待ってたんだ。

「よく言われるんだよね」

「似てますよ」

「ところで、これからゴハンとかどう？」

「いえ、友だち待ってるんで」

はい、撤収。

お次は、路上に座る女のコたちだ。

「あ、おねーさんたち！」

「はい？」

「ライブ帰りでしょ？」

「いや、私たち入れなかったんですよ。チケットなくて」

「それはそれは」

「ヒャダインに似てますよねー。さっき通ったとき、本人かと思いましたもん」

マジか？　そんなに似てますか。じゃあ一緒に飲みに行こうよ。

「いや、友だちもいるんで」

2人は顔をそむけてしまった。

本人に「おっ、オレだ！　似てる似てる」

ももクロファンが好きなのはももクロだ。裏方のヒャダインにはさして興味がないのかもしれない。ＡＫＢファンが秋元康に興味ないように。

でも次は間違いない。ヒャダイン本人のライブだ。ヒャダインに抱かれたい者どもが大挙して押し寄せる場だ。オレが袖にされるわけがない。

土曜日。夕方5時半。会場の新宿タワーレコードには、ヒャダインのCDが大々的に並んでいた。店内に流れている曲がそれらしい。初めて聞いたけど、

次はヒャダインのライブだ!

あんまピンとこねーな。

特設ステージにはまだ人が入っておらず、整理券を持った客が階段に並んでいる。半分以上は女の客だ。これまでとは明らかに違う雰囲気に気分が高まる。

階段の上から子供の声が聞こえてきた。

「おかーさん、コスプレしてる人がいるよー」

オレのことかよ。そういう言い方はやめてくれ。

そばでクスクス笑ってる女のコが話しかけてくれた。

「そのボーダーのジャケットって、PVのやつですよね」

「うん、せっかくのイベントなんで着てきたんだ」

「似てますよね」

「そうですか？」

開場前から好反応が

「うん。すごい似てる」

よし、この子が第一候補だ。ライブ後に声をかけよう。

まもなく開始時刻になり、200人ほどの客が会場に入った。

かわいいコはいないかとキョロキョロしているうちに、ステージそでから若い男が現れた。ヒャダインだ。

体格はオレよりちょっと小柄だろうか。生でこうやってみると、やはり似てる。目や鼻、口、ちょっと鼻にかかった声とかも。ミョーな気分だ。

ライブは30分ほどで終了し、そのまま握手会が始まった。

別にヤツの手を握りたいとは思わないが一応やっておくか。

ヒャダイン本人と対面

ファンが一人ずつヒャダインと握手し、数秒くらいずつしゃべっていく。プレゼントなどを渡してるコも多い。

まもなく、オレの番になり、ヒャダインが手を差し出してきた。

「おっ、オレだ！　まつげも長いし、似てる似てる」

えっ！　本人に言われちゃったよ。

「そう言ってもらえるとはうれしいです」

「そうなの？」

「自分、さっきもファンのコに似てるって言われまして」

「似てる似てる」

「なもんでモテるんじゃないかと思ってます」

「ははは。あんまり遊びすぎないでね」

ヒャダインは苦笑いし、がっしり握手してきた。これは本人の許可をもらったものと解釈してよかろう。

「でも、ヒャダインさんは一人しかいないから」

握手会のどさくさのせいで、第一候補の子を見失ってしまった。他のターゲットを探すとしよう。

とそこに、ぽちゃ気味の女のコが一人近寄ってきた。

「あの〜、この服、PVのやつですよね？」

向こうから声をかけられるのは二度目だ。

「ちゃんと着てきて、スゴイなーと思って」

「ありがとう。似てるでしょ？」

「ほんと似てますよね。私、最初から気になってたんですよ」

気になってた？　なんてストレートな愛の告白だ。大胆だなぁ。

「オニーさんは、どんな曲が好きなんですか？」

ヤバイ。ぜんぜん知らないんだけど。

「…えーと。今日の1曲目かな」

「ああ、いいですよね。でも、ヒャダインさんが歌詞間違うんだもん」

そうだったのか。ぜんぜん気づかなかったぞ。てか、オリジナル知らないし。

「今日は1人なの？」

「はい。私、群馬から来たんで」

彼女の名前はユカリ。年齢は26歳だという。

向こうから声をかけてきた
最初から気になってたんです

「仕事は、パチンコなんですけどね」

「…パチンコかあ」

群馬のパチンコ店員。なんだかハードル低そうだぞ。大チャンスじゃないか。

エレベーターに向かう途中で誘ってみた。

「よかったら、ゴハンでも食べて帰らない？」

「あ、いいですよ。でも今日の夜、バスで帰るんで」

でも、まだチケットは取ってないらしい。どうにでも転ぶだろう。

会場を出て、新宿ルミネのレストランに入った。

ヒャダインぞっこんの女子と、ヒャダイン似の男がテーブルを挟んで向かい合ったこの状態、ハートマークが飛び回りそうな熱々ムードになりそうなものだが、現実は真逆だった。

彼女が口にする、詞のニュアンスがどうとかPVのセンスがどうとかの話題にまったくついていけず、オレはただうなずきまくるしかない。

一方的なトークが一段落したところで、話題を変えてみる。

「カレシはいないの？」

「いないですよー」

「どういう感じの人と付き合いたいの？　やっぱヒャダインみたいな人？」

「うーん…」

間があいた。オレのことをじっと見てるぞ。

「でも、ヒャダインさんは一人しかいないから」

でもメシ食ってバイバイ。
似てるだけの男に
興味はないらしい

なんだ、その答えは。そこまでゾッコンなのか。さすがに本人はあきらめろよ、相手にしてくれないってば。似てる人にしとけばいいじゃん。

「あの、もうすぐバスの時間なんで帰りますね…」

どうにもこうにも突破口の見つからない今回の作戦だった。思うに失敗の最大の原因は、ヒャダインがまだコアなファンしか掴んでいないことにあると思われる。

彼が国民的タレントになったあかつきには、あの顔が好きなのよね〜レベルのミーハー女子どもも現れるはずだ。だから、もっと頑張れ、ヒャダイン！

『裏モノJAPAN』2013年4月号掲載

あれから

いまだヒャダインは国民的有名人になっていない。人気はボチボチで、テレビにもそんなに出てない。だからオレ、ヤツにはもう期待せず、また別の有名人のそっくりさんになれないかを模索した。

会う人会う人に、「ぼくって誰かに似てません？」と聞いてみたところ、何回か『快楽亭ブラック』という名前が出た。

誰って？　下ネタばかりしゃべることで有名な落語家だ。たしかに似ている気もする。

いいんじゃないだろうか。少々マニアックな人物だが、それだけにコアな女性ファンが付いていそうだし、下ネタスタートでしゃべりかけれそうだし。

世の快楽亭ブラックの女性ファンのみなさん、公演会場でお会いしましょう。

球児の涙は母性本能をくすぐるらしい

高校ではマンドリン部だった。放課後の教室でマンドリンを弾いたり弾かなかったりするマンドリン部だった。

野球部のない学校に進学したのが間違いだった。野球部があれば、グラウンドで白球を追ったり追わなかったりしていただろうに。

さて、毎年この時期（7月下旬）になると、日本中が高校野球予選で一色になるのはご存じの通りだ。勝ちつづけたヤツらは甲子園へ、負けたヤツらは悔し涙を流す。青春だなぁ。マンドリンとは違うなぁ。

今回はこの負けたほうがテーマです。あの少年たちの涙って、母性本能をくすぐるそうなんですよ。おもわずギュッってしてあげたくなるそうなんですよ。

だからマー君、丸坊主の高校球児になって、試合に負けちゃいます。じゃなくて、試合せずに負けたことにしちゃいます。母性本能くすぐってあげるよ！抱いてくれてもいいよ！

「なんであんな球を…ちくしょー」

平日の夕方。丸坊主＆学生ズボン＆野球バッグでキメたオレは、渋谷に向かった。別に場所はどこでもいいのだが、巣鴨とかでバアチャンになぐさめてもらっても仕方ないからね。

ションボリした表情で改札を抜け、ハチ公口へ。駅前には本物の高校生っぽ

クレイジーナンパ大作戦 ⑯

これは高校野球地区予選真っ只中の7月下旬に実際に起きた出来事です

うぅ、なんでなんであんな球を……

いのもいっぱいいるが、ひと目でわかる高校球児はオレだけだ。渋谷のみなさん、今日の主役がやってきましたよ。

どのコが母性本能が強いかな。優しそうなメガネっコが立っていた。行きましょう。

隣にしゃがみ、相手に聞こえるような声でつぶやいてみる。

「…ちくしょー」

彼女がこちらを見た。この格好、この悔しがり方。どういう状況かわからないわけないよね。

「なんであんな球を…くそっ、ちくしょー」

ジャブはこれくらいにして、そろそろ泣くとしよう。ガクっと頭を下げてうなだれる。

「ううぅ…」

涙はまったく出てないが、それっぽく肩もちょっと震わせる。

頭を下げたまま、声をかけられるのを待ちつつ、ときどき横目でチラ見する。彼女はスマホをイジっている。ネットでなぐさめ方でも調べてくれてるとか？

…ってあれ？　向こうに行っちゃうけど、どうしたの〜。

さすがに単に泣いてるだけでは何も始まらないようなので、少し積極的にカラんでいくことにした。

次はベンチに座っているコだ。

「ううっ。ちくしょー」

隣に座って5分ほどメソメソメソメソ。母性本能をキュンキュンとさせてみる。

さりげなく彼女のほうを向いてみると、目が合った。泣き顔を見られてバツが悪い演技をかます。

「ははっ、すみません」

「……」

「今日試合で負けちゃって」

彼女の視線がTシャツの「目指せ甲子園」に向いた。わかってくれたかな？

「野球部なんですか？」

「はい」

しかし、彼女は「ふーん」とうなずき、興味なさげにケータイをいじり始める。

もっとガツンとアピールしようと、思い切って彼女の肩に手をかけて泣き崩れてみた。ここまですればなぐさめずにはいられないだろう。

ところが、いったん体勢を戻して彼女を見ると、その表情は明らかに引きつっていた。


「…そうなんですか。学校はどこですか」


新宿に移動した。腹ごしらえがてらマックに入る。

おや、カウンター席に美人さんがいるぞ。やってみるか…。

「ちくしょー、あんなボール球振らなきゃ…」

失敗だった。美人さんは席を移ってしまった。やはり路上にいくとしよう。

アルタ前広場に、白ブラウスのコがぼ～っとしていた。いきなり真横にいくのも不審がられるので、2メートルくらい離れた場所に陣取る。

「くそぉ～。ムカつくなぁ。負けるなんて…」

かなりボリュームを上げてみたおかげで、彼女がこちらを見てきた。よし、目が合ったぞ。

「ははっ。大きな声ですみません」

「…」

ペコリと会釈してきた。

「あっ、野球帰りで…。負けたんですけどね」

「…そうなんですか。学校はどこですか」

食いついてきたぞ！

「それはまあちょっと…。おねーさんはどこの？」

「いや。私はもう高校生じゃないから」

「ははは。そうですよね。じゃなくて自宅は」

「埼玉のほうなんだけど」

会話がフツーにつながった。いいぞいいぞ。

「何だかおねーさんとしゃべると元気が出てきました。あぁ、カラオケでも歌いたくなってきた」

「ははは」

「もしよかったら、これから一緒にどうですか？」

「今日はこれから用事があるんで。別の日だったらいいですよ」

彼女は快く連絡先を教えてくれた。これでもちゃんと高校生に見えてるんだな。

「大丈夫よ。これから人生、いっぱいあるから」

南口の高島屋のベンチに、30代後半くらいのねーさんがヒマそうに座っていた。熟女って母性本能がめっちゃありそうじゃん。

隣の席に座り、さっそく泣いてみる。ひとしきりメソメソしたあと、声をかけた。

「すんません。今日、野球の試合があって」

「そうなの？」

「…くそぉ。野球にかけて今まで生きてきたのに…」

頭をガクリと下げてうめいていると、彼女が言う。

連絡先を教えてくれた
SSK
GET
HAPPY

「大丈夫よ。これから人生、いっぱいあるから」

さすがは熟女さんだ。

「私は高校の頃は吹奏楽部だったんだけどね。野球部の応援はよく行ったよ」

「そうなんですか」

「甲子園、連れてってーって思ってたよ。結局、うちの高校は、松井に打たれて負けちゃった。だから結局、甲子園は行けなかったんだけどね。それから人生いいこといっぱいあったから」

ふむ。吹奏楽部にとっての甲子園を引き合いに出すのはちょっと違う気もするけど、おねーさんありがとう。これから少しカラオケでも…。

「結婚もしたしね。今日もほら、ダンナと一緒に買い物きてるんだけど」

えっ、そうなのかよ。そりゃあさっさと逃げないと。

青春が終わった……

また泣きたくなったら胸を貸しますね

翌日。アルタ前で番号交換したおねーさん、マキからメールが届いた。

〈マキです。いつ頃カラオケに行きますか？　つきあいます〉

驚いた。向こうからメールが来るなんて。よっぽど母性本能をくすぐってしまったらしいな。

さっそく返事だ。

〈ぼくは夏休み中で時間はあります。いつでも空いてます。マキさんはどうですか？〉

〈では明日にしませんか。あと、明日また泣きたくなったら胸を貸しますね。そうすればなにかと気が楽になると思います〉

マジか？　正直、ここまですんなり行くとは思ってなかったんだけど。

しかもその後こんなメールまで届くのだからわけがわからない。

〈マキは優しさを大切にします〉

〈元気が持てるのであれば光栄です。いっぱい歌って元気をあげるのです〉

〈あんまり無理しないように。明日会うんだから〉

母性本能をくすぐられるとこんなことになるのか！

翌日の昼3時。球児のイメージを壊さないよう、甲子園Tシャツから白ポロシャツに変えるだけにとどめ、デートに向かった。

渋谷の待ち合わせ場所には、先にマキが来ていた。あらら？　胸元が開いたブラウス姿だ。メールの「胸を貸しますね」と関係あるよな？　ありまくりだよな？

ここまでくると、何だかもう滑稽だ。このねーさん、いったい何モンだよ？

センター街のカラオケ店へ。受付用紙にペンを走らせる彼女は、年齢の項目に「24」と記した。オレより10歳も下じゃん。

「…そう言えば、マキさんって何してるひとなんですか？」

「最近仕事辞めて、今は求職中」

部屋に入ると、彼女がカバンから手帳を取り出した。『アクエリオン』『マクロス』なんてメモが書いてある。

「こうやってメモしておくと、カラオケのとき歌いやすいでしょ？　あ、私、アニメ系J－POPが好きなんで」

オタクねーさんなわけね。何となく納得。

「マサノリ君は何飲む？」

「そうですねぇ…。せっかくだし、今日は思いっきり楽しみたいし、ビールでも飲もうかな？」

「それはダメよ。高校生なんだから！」

言ってくれるねぇ。きっとオレ、野球ひと筋で童貞とか思われてるかも。ここは徹底して演じてやろうじゃないか。

「マキさん。自分、もう…」「あっ、あああっあん」

カラオケが始まった。彼女がアニメ曲をポンポン入れ、その合間にこちらが箸休め的な感じで歌っていく。

動きがあったのは、小1時間が経過したときだ。彼女が初めてアニメソングをやめ、ゆずの『栄光の架橋』を入れた。オリンピックでも使われた感動の名曲だ。

まさか？　オレを泣かせようってわけか？　自分の胸に飛びこんできなさい、と。

望むところだ。曲がサビの部分にさしかかったあたりで、目元を押さえて泣いてみる。

「ううっ。ちくしょー。必死にやってきたのに…」

おもむろに彼女のほうへ倒れかかった。

「…泣かしてもらっていいですか？」

「うんいいよ」

よっしゃー！　童貞キャラを演じてためらいつつ抱きついてみると、彼女が言う。

「マサノリ君、手が震えてる」

思わず吹き出しそうになった。

カラオケでマキに甘えて……

そのままキス&乳揉みへ

カラダを小刻みに震わせながら唇を合わせにいく。彼女はちょっとためらった後、キスを受け入れてくれた。

野球やってる童貞高校生がここまできたら、無我夢中でガツガツいくのが自然だろう。そのまま覆い被さり、胸をムギュムギュ。ジーンズ越しにアソコをガツガツ触ってみる。

ここで一発、小芝居をいれとくか。

「マキさん。自分、もう…」

「あっ、ああっあん」

アエギ声が出てきたぞ！

とそのとき、部屋のトビラがガチャリと開き、スタッフのニーちゃんが入ってきた。

「ここはそういうことをする場所じゃないので、退店頂けますか！」

「マキさん、セックスってこういうものなんですね」

「いやー、びっくりしましたね」

「ははは っ」

幸い、いきなり興ざめみたいな空気にはならなかった。カラオケを出てトボトボ歩く。

さてどう立て直すか。勇気を振り絞った童貞クンはこんなとき、どう言うだろう。よし、これでどうだ。

「もうちょっと2人で甘えさせてもらえませんか？」

「いいよ…」

なんと彼女がオレの手を引いて歩き出した。着いたのは一軒のラブホの前だ。

「ココとかは？」

「…大丈夫です」

彼女はこちらが高校生であることなど気にする様子もなく、ずんずん入っていく。頼もしいなぁ。

さていよいよセックスだ。どんなリードをしてくれるのやら。楽しみ！　うわぁ、ドキドキしてきた。

部屋に入ると、彼女は真っ直ぐにベッドの操作パネルに向かった。

「何かおもしろい番組やってないかな？」

テレビをつけてＡＶにチャンネルを合わせる。高校生のオレの緊張をほぐすためか？

「…すごい。ＡＶがやってるんですね、マキさん？」

「……」

「ぼくこういうところ来たことないんで」

「……」

彼女は仰向けのまま動かない。マジか？　このねーさん、高校生相手に、マグロをやらかすつもりなのか？

「…ぼく、緊張してて。こういうの初めてなんで…」

「…うん」

ちくしょう……

ちくしょう、ちくしょう……

うなずくだけかよ。ちっ、お姉さんが教えてあげるプレイで遊びたかったのに。

仕方なく攻め手になり、戸惑った素振りで服を脱がせると、見たこともないようなデカイおっぱいがボロンと出てきた。吸わせてもらおう。

「あ、あああん、あん」

アエギが漏れた。が、彼女から攻めてくる気配はない。マジでマグロのようだ。

手マンをカマす。ほらほらほら。気持ちよくしてやるから少しは奉仕してちょうだいよ。ほらどうだ。

が、口元にチンコを持っていっても、舌でチロチロやるだけで手も添えやしない。アホくさっ。もうブチこんでやろう。

割れ目にチンコをあてがう。大きなケツがずるっと逃げた。

「え～ダメよ。ダメダメダメ」

えっ？

「だけどぼくもう我慢が…」

「ダメダメ」

「でも初めてだし。せっかくだし最後までしたくて」

「……」

ん？　黙ったぞ。いいのか？　えーい突っ込んじゃえ。

「あああぁぁ」

「マキさん、気持ちいいです。セックスってこういうものなんですね」

生ハメで童貞を捧げる野球少年 マー君でした

「ふふっ。ああ気持ちいい。これ、いい！」

ピストン運動を5分ほどして、腹に発射した。

「ごめんなさい。初めてで緊張してて」

「まあ、初めてならね」

あれ、なんだか偉そうになってるし。ひょっとして童貞キラーの遊び人なの、この人？

駅へ向かう途中は会話までなくなった。マジで食ったら用無しみたいな態度だ。こんな女、いるんだな。

「今日は本当にありがとうございました」

丁寧にお辞儀するオレに、マキは軽く手を上げるだけだった。

「じゃあ、またね」

いやー、いったい何者なんだろう。


『裏モノＪＡＰＡＮ』２０１３年10月号掲載

あれから

マキはもう一度やらせてくれないだろうか。企画から3年後、大学3年生（の設定）になったオレが、久しぶりに電話してみたところ——。

プルルルル。

「はい」

「久しぶりです。正教です。3年前、野球の試合に負けたとき、なぐさめてもらったんですが…」

「あぁ、びっくりした。登録してない番号だから誰かと思った」

驚いたという割には、落ち着いた口調だ。

「そうなんですね。今、大丈夫ですか？」

「ちょっとだけなら」

「あ、すみません。最近、嫌なことが続いて、マキさんのことふと思い出して。もし大丈夫なら、話を聞いてもらいたいと思って」

また母性本能をくすぐる作戦でいこう。

「カノジョいないの？」

「いません…。マキさんはカレシいるんですか？」

「4人くらい」

何その数は!?

「…いっぱいいるんですね。どういう人なんですか？」

「大人。35歳と39歳と40歳と42歳」

それ、ホントにカレシなのか？

「…そんな大人と付き合ってるなんてスゴイですね」

「まぁ、そうね。エッチもぜんぜん違うから。いろいろ奢ってくれるし」

さらっとスゴイこと言ったぞ。この3年の間に、割り切りを覚えたのかよ、この子！

「…大人なんですね、マキさん。よかったらぼくにも、エッチとか教えてもらえませんか？」

「うーん、ちょっと考えさせて」

電話は切れた。こりゃあ金を払わないと、再会セックスは厳しそうだな。球児の涙にキュンとしてくれた彼女がこんなにスレちゃったなんて、切ないなぁ。

クレイジーナンパ大作戦 ⑰

ロンブー淳さん習字作戦パクらせてもらいます

ロンブーの淳が結婚した。お相手の香那さんはキレイで性格も穏やかで、まったくうらやましい限りだ。

さて、その結婚発表のバラエティ番組で、気になることが一つあった。淳がいったんは別れた彼女に復縁をせまるとき、こんな作戦を使ったというのだ。

淳「毎日、彼女の名前を習字で書いて、それを束にして彼女に渡したんだけど（要約）」

怖い、重い、キモい。オレのような凡庸な男はそう思ってしまうが、現に淳はこの手法で香那さんをヨメにしている。ひょっとしてコレ、かなり使える手法なのでは？

パーティを抜け出して「有希、有希、有希」

番組で見た淳の字は、かなり上手かった。やはり下手クソでは女心も奪えないものと思われる。

なのでオレも習字教室に1日だけ通ってみた。ひたすら練習すること3時間。要するに、ゆっくり&ていねいを意識すれば、それなりにキレイに書けることがわかった。では、出発！

淳が復縁を願い毎日書いた名前。

到着先は、お見合いパーティだ。オレには復縁したい相手などいないのだから、こういう場に来るしかない。

会場をざっと見渡したところ、女性6番が気になった。女のコらしいブラウスのカワイ子ちゃんだ。回転寿司タイムで名前を確認する。

「3番の仙頭です」

「あ、どうも」

プロフィールカードには「有希」とある。年齢は29歳だ。

「有希さんは何の仕事をしてるんですか？」

「販売員です」

「ファッション系？」

「デパートです」

1分ほどで会話は終了し、次の相手へ…向かわず、席を立って会場の外へ。

カバンの中から習字道具を取り出し、廊下に半紙とスズリを並べる。有希ちゃん、今から君の名前を書くからね。

有希、有希、有希、有希。淳がやってたみたいにひらがなバージョンも織り交ぜておこう。ゆき、有希、ゆき――。

10枚の作品が完成した。さあパーティに戻ろう。

「私、こういうの好きなんで」

会場では後半のフリータイムが始まるところだった。有希の席は…まだ空いている。

「座っていいですか？」

「あ、はい」

「もう誰が誰だかわからなくなるでしょ？」

「そうですね」

「だからぼく、自分のことをしっかり伝えたいと思って、渡したいものがあるんだけど」

カバンから書いたばかりの習字の束を取り出した。

「なにそれ？」

「ぼくは習字をやってるんで。今さっきぱっと会場の外に出て、有希さんの名前を書いてきたんです。これあげる」

彼女はちょっと躊躇いながらも受け取った。

「ビックリさせました？」

「ううん。私、こういうの好きなんで。ありがとう

途中でパーティを抜け出して……

ございます」

引かれるかもと思ったが、素直に喜んでいる。さすが淳、あいつは女をトロかす天才だ。

「書いたばかりだからまだ湿ってるでしょ？」

「でも私、墨の匂い好きだから」

「急いで書いたから文字が崩れてるのもあるんだけど」

「ぜんぜんですよ。ありがとうございます」

効いた。感触でわかる。これは効いたぞ。パーティを抜け出して習字を書くヤツなんてそういないからな。

結果、見事に有希とオレはカップルになった。

ただしこの日は、彼女が友達と一緒なので、連絡先を交換して別れることに。

夜、彼女からこんなメールが届いた。

〈今日はありがとうございました。習字もすっごい嬉しかったです!!　これから仲良くしていけたらいいですね。今週ゴハンとか行きませんか？〉

淳！　あんたやっぱりスゴイ男だよ！　向こうから誘ってきちゃったよ！

「ヘンなことしない？」「大丈夫だって」

午後6時。待ち合わせ場所の新宿駅前に、有希がやってきた。

胸元が大きく開いたブラウスを着ている。おめかしして来てくれたようだ。

飲み屋へ入って、カウンター席に並んで座った。

「有希ちゃん、何飲む？」

「じゃあマリブコーク。私、甘いのしか飲めないんで」

かわいいこと言いますな。でもマリブってアルコールけっこう強いんだよ。

会話はお互いの自己紹介のおさらいから始まり、仕事や恋バナへ。話ははずみ、彼女の酒のピッチもいい。

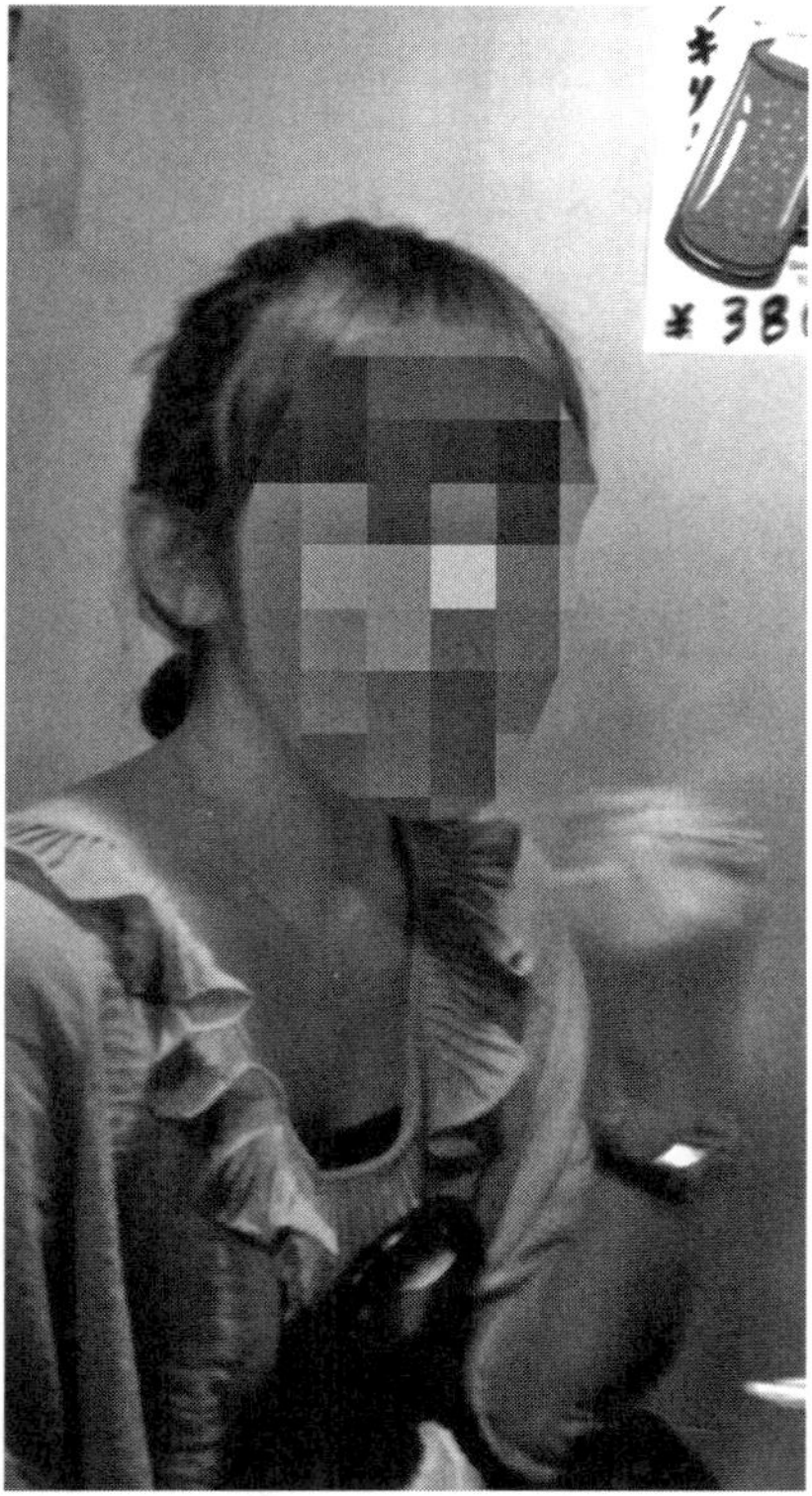

喜んでくれた有希ちゃん。けっこう飲ませたぞ〜

「仙頭さんは、私のことを有希ちゃんって呼ぶじゃないですか。私は何て呼べばいい？」

「あ、マー君でいいけど」

「じゃあマー君って呼ぶね」

いい感じだぞ！

「うれしいなぁ。習字を渡してよかったよ」

「うん、うれしかった」

1時間ちょいで飲み屋を出た。有希がやけにくっついて歩いてくる。こんな素早い展開、初めてかもしれない。

幸い、2人は同じ沿線に住んでいる。部屋飲みに誘ってみるか。

「地元で飲もうよ。そのほうが帰りやすいでしょ？」

「うんそうだね」

電車に乗り込んだ。あっ、並んで2つ席が空いてるじゃん。ねえねえ座ろうよ。

と声をかけたが、彼女は首を横に振った。

「いや、ちょっと今、座ったらやばいんで」

「どういうこと？」

「…生理だから。今座ったらグチャグチャになるんで」

さらに彼女はジーパンの尻を向けてきた。

「血付いてない？」

「…うん」

なんだか品のない子だな。あるいはもう酔っ払ってるのか？

オレの地元駅で一緒に降り、改札を出たところで手を強く握った。

「どこ行くの？」

「ぼくんちは？　どんな部屋に住んでるか見てもらいたいし」

「ヘンなことしない？」

「大丈夫だって」

彼女はすんなり家までついてくる。よしよし。生理ならセックスはしんどいかもだけど、フェラぐらいはしてくれるでしょう。

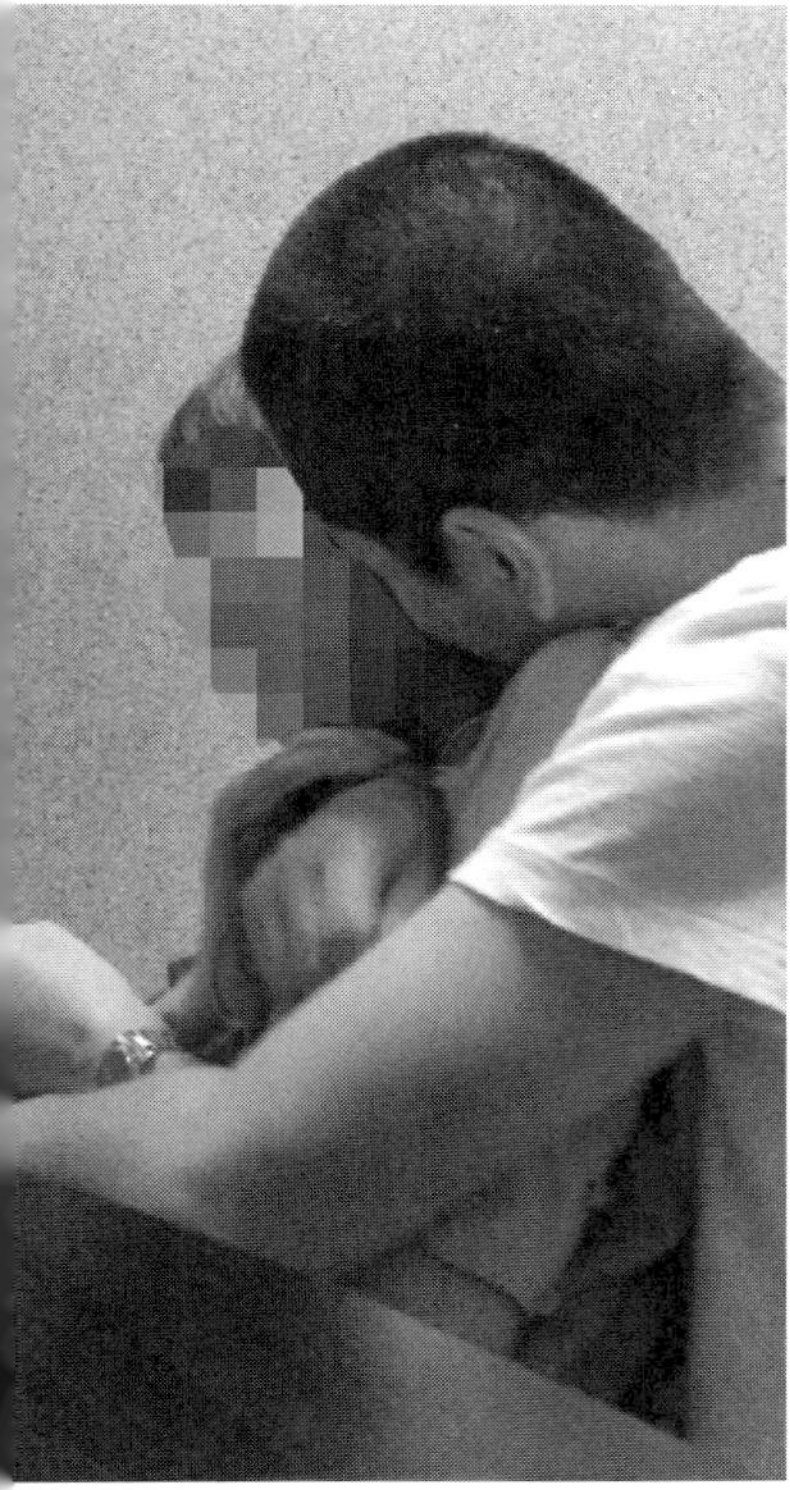

生理だからここまで！

しかし、部屋に入って抱きつくと、彼女が体を強ばらせた。キスさえはねのけられた。どうして有希ちゃん？

「ヘンなことしないって言ったでしょ！」

「だけど…」

「最近してないからたまってるんでしょ？　私もセックスはまあ好きなほうだけど、でも今日はそんな気分じゃないから！」

開けっぴろげだけど、はっきり断ってきてる。こりゃダメだ。

今日こそはそれ脱いでもらうからね

そのまま何事もなく部屋飲みだけで解散した翌日、習字で書いた有希の名前を写メって、メールしてみた。

〈こんばんわ。また書いてみたよ！〉

〈前もらったやつのが上手かな（笑）。でもありがと。おやすみ！〉

淳は「毎日、習字で彼女の名前を書いた」と言ってた。オレは毎日メールしてやろう。

〈今日のはどうだろう？（笑）〉

〈すごーい上手。マー君えらい！〉

ひらがなも送ってやるか。


〈今日はひらがなDAYですよ！〉

〈手抜きかしら？（笑）〉


そんなこんなで毎日送り続けること5日、彼女からデートの誘いが来た。

どもー
2013年10
こんばんわ。また書いてみたよ〜！
有希
しつこくメール攻撃だ

〈今日もご苦労様。ありがと！　ねえねえ。今週末どっか行かない？〉


淳先生、おそれいります。正直、亮クンのほうが好きだったけど、今日からは淳派になります。

——そして日曜。本日は、横浜『みなとみらい』へレンタカーデートという気合いを入れたプランを立てている。

「おっ、有希ちゃーん！」

「お待たせ」

前回とおなじヒラヒラワンピースを着ている。かわいいねえ。有希ちゃん、今日こそはそれ脱いでもらうからね。

車はみなとみらいに到着した。休日のせいもあり、どこもかしこもカップルだらけだ。さあ。うちらもしっぽりやりましょうか。

スタバでコーヒーを飲んだ後、観覧車に誘ってみた。

「マー君、ヘンなことするんでしょ？　やだー」

顔は笑っている。本心はヘンなことしてもらいたがってるね。

観覧車の中で肩を抱いてみた。彼女もオレの手をギュっと握ってくる。

ボックスが12時の位置に来たところでキスをした。わっ、舌をからめてきたよ、この子。

「もー、マー君ヘンなことしないって言ったじゃん」

よー言うわ。

観覧車の後は、展望のいいレストランでメシを食って、そろそろ帰ることになった。ここから一気に夜に向かって突き進むぞ。

目がキラキラしてる。もしかして涙？

夜9時すぎ、レンタカーで自宅の前まで戻ってきた。

「うち寄っていってよ」

「どうせヘンなことするんでしょ？」

それまだ言うか。照れ隠しなのわかってるって。

「ここ何日か、有希ちゃんの名前を習字でいっぱい書いたから、だいぶ上手になったんだ。実際に書いてるところを見てほしくて」

「それならいいよ」

女ってのはなにかと理由付けがいるんですね。部屋に入り、さっそく習字道具を用意する。

「見ててね。有希ちゃんのこと思って書くからね」

「…うん」

ゆっくりと丁寧に筆を進めていく。すらすらすら。

「マー君、ほんとに上手じゃん」

「パーティのときからもう100回は書いてるし」

有希をジーっと見つめる。あれ、目がちょっとキラキラしてる。もしかして涙？

「マー君、ありがとっ」

はぁ〜、名前を書くってこんなに効果があるものなんだ。ちょっとした大発見だぞ、こ

有希ちゃんのこと思って書くからね

りゃ。
　習字道具を横に寄せて、彼女に抱きついた。レロレロとキスをかまして股間に手をやる。ぐっしょり濡れてる。生理からもう一週間経ってるし、これは血じゃないな。

『裏モノＪＡＰＡＮ』２０１３年12月号掲載

あれから……

　有希のセックスがドマグロだったこともあり、その後、一切連絡せずにヤリ捨てたが、今はどうしているだろう。またヤレたりしないかな？　ＬＩＮＥの〝友だち〟に彼女が表示されていたので、メ

淳さん、本当にありがとうございました

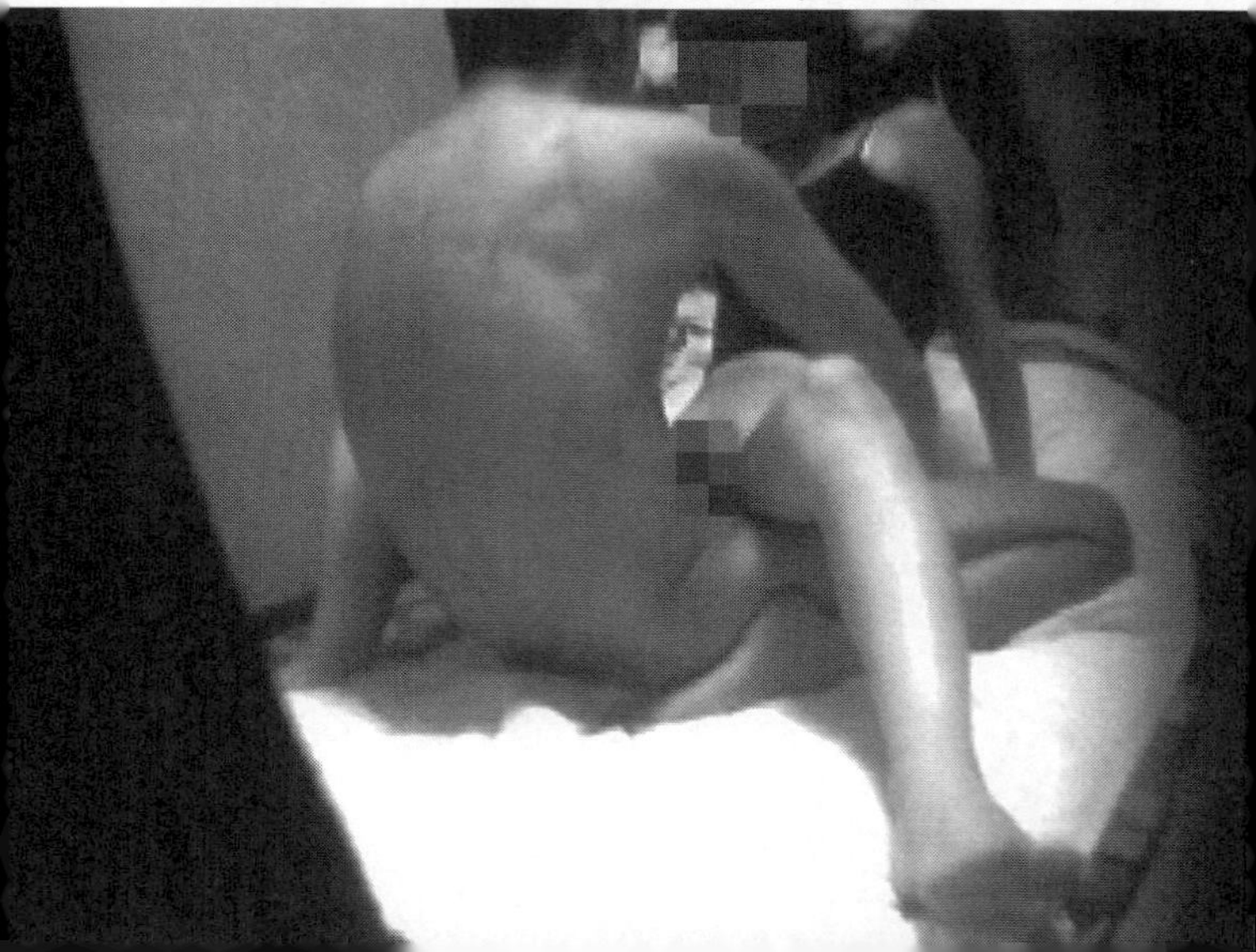

ッセージを送ってみた。

〈お久しぶりです。仙頭です。習字の練習をしていたら、ふと有希ちゃんのことを思い出してラインしてみました。元気ですか？〉

〝既読〟は付いたが、リターンが来ない。

ここはやはり淳のヤリ方でいくか。押し入れから習字道具を取り出し、筆を構える。久しぶりなんで上手く書けるかな。有希っと――。

さっそく写メ送信。スポッ！

もういっちょ送信。スポッ！

〝既読〟が付いたが、まだリターンが来ない。

ならばと、ひらがなバージョンも書いて送ってみたところ、それにはいつまで経っても〝既読〟が付かなかった。…おかしいなぁ。

女の子って壁ドンに

胸キュンするそうじゃん

『壁ドン』をご存じだろうか。『ありのままで』や『ダメよ～ダメダメ』ほど有名ではないが、2014年の流行語のひとつだ。

一応説明すると、壁際で女が男に迫られるとき、壁にドンと手を突かれるシチュエーションのことをいう。

壁ドン。「オレの女になれよ」

壁ドン。「他の男なんて見てんじゃねー」

みたいに、命令口調で口説かれるのが典型的なパターンだ。

世の女どもは、ドラマや漫画なんかでこのシーンを見ると、胸キュンするらしい。こんな強引に口説かれてみたいわ～ってなことのようだ。

ふ～ん。壁に手を突くだけなら簡単じゃん。タダだし。

「なあ、連絡先教えてみないか？」

壁ドン系のドラマだと、イケメン上司と新人ＯＬみたいな組み合わせが多いようだが、あいにくオレにはそんな都合のいい相手はいない。ターゲットは新しく探そう。

日曜、夕方、新宿駅前に向かった。休日のせいもあり、そこかしこの壁際に待ち合わせの女の子が立っている。まさに壁ドンしてくれと言わんばかりの状況だ。

待ち合わせってことは、この後どこかへ行ってしまうのだろうけど、連絡先交換くらいはできるでしょう。

目星を付けた女の子に近付いていく。

「寒いね」

「…そうですね」

「ぼくも待ち合わせなんだけどね」

「…そうなんですか」

無視ではない。ちょっと照れ笑いしてるし。さっそく一歩近付き、腕をすっと伸ばして壁ドン！　瞬間、彼女がビクっとした。

「驚いた顔もかわいいじゃん」

キマったはずだが、彼女はさっと下を向き、忙しそうにスマホを操作し始める。

「忙しそうじゃん」

「……」

「なあ、連絡先教えてみないか?」

そそくさと逃げられてしまった。

続いて、すぐそばの待ち合わせガールの元へ。

「寒いね」

「あ…はい」

すかさず壁ドン!

「寒い日は暖まりたいだろ?」

「え…」

「でも待ち合わせしてるなら、連絡先交換だけでもいいと思うぜ」

「ヒッ」

奇声を発して走り去ってしまった。

やはり待ち合わせ女は厳しいようだ。これからデートだ買い物だする前に壁ドンされても困ってしまうのだろう。

なので今度はブラブラ歩いてる女に狙いを定めた。おっと、あのミニスカちゃんに行ってみるか。

歩道をとぼとぼ歩いているところを、背後からそっと近付く。

「ちょっとオネーさん、ごめんなさい」

「……」

無視だ。しかしめげてはいけない。歩道のすぐそばは伊勢丹の壁なのだから。

前方に回って、通せんぼをする形で壁ドン！

「いい脚してるじゃん」

「やめてください！」

一蹴されちまった。どいつもこいつもまったく胸キュンしてないみたいだ。

お前なんて言っちゃった

失敗したから言うわけではないが、ここまではウォーミングアップのようなものだ。やはり壁ドンは、ある程度打ち解けた関係じゃないと有効じゃないのだろう。

というわけでお見合いパーティ会場へ。

その中に、やけに食い付いてくる女がいた。

「センちゃんって呼んでいいですか？」

39歳のヨウコさんだ。

「その帽子取るとどんな感じなんですか？ あ、そっちのほうがいいよ。かわいいか

39歳の婚活ちゃんに狙いを定める

とりあえず酔わせて、と

わいい」

三十半ばの男に向かって「かわいい」はどうかと思うが、この食い付きをスルーするのはもったいない。カップルになりましょう。

パーティ終了後、一緒に会場を出たところで、彼女が声を弾ませる。

「じゃあ、ゴハンでも行きますか？」

ノリノリですな。

会場近くの居酒屋へ。39歳という年齢は、婚活的には9回裏2アウト。さすがに悩みも多いらしい。彼女が語る恋愛論を聞くうちに、あっという間に2時間ほどが経過した。

店を出たのは、夜11時だ。さてそろそろ壁ドンといきましょう。

駅へ向かって歩いていくと、まもなく長い壁が見えてきた。何とか立ち止まらせたいが…。

何気に体をくっつけてグイグイ押していく。

「えっ、えっ、どうしたの?」

「…寒いんで」

「ははは。センちゃん、かわいいー」

腕を絡めてきた。こりゃいいや。

ここぞとばかりにグイグイ押していく。彼女は壁の方へ壁の方へ。と、そこでさっと腕が外された。

「ちょっ、ちょっと。ちょっとセンちゃん、何すんの」

「…いや、冗談冗談」

やっぱり歩きながら壁に追い込むのは不自然か。

「もう～センちゃん酔ってるんでしょ?」

「いやそうでもないけど」

「もう明日もあるし、早く帰るよ」

えっ? 帰る? いやいやこれからでしょ。

「ヨウコさんは、もう帰る感じなの?」

「そりゃあもう帰るよ。センちゃん何線？　私は京浜東北だけど」

スマホで時刻表を見る彼女。何だかマジで帰るつもりだ。ちょっと待てよ。

ちょうど目の前の大きな柱の前に立った。彼女をぐいっと押して、壁ドン！

「帰んなよ！」

どうだ？

次の瞬間、彼女の手がオレのアゴをアッパーカットのように突き上げた。

「センちゃん酔ってるじゃん。もう帰るよ！」

「酔ってないよ。いや、お前に酔ってるかもな」

さっきまでヨウコさんって呼んでたのに、お前なんて言っちゃっ

逆襲のアッパーカット！

た。怒らないでね。

と祈ってみたけれど、彼女はさっさと信号を渡り、バイバイと手を振って帰っていった。くぅ、9回裏2アウトの女にまでフラれるなんて。

「ヨウコの気持ちはわかってんだよ」

ところが翌日、〈昨日はありがとう〉という内容のメールを送ると、〈またゴハン食べに行こ〉と返事がきた。まだ脈はある。再チャレンジと参ろう。

約束の金曜、夜7時。新宿。

待ち合わせ場所に、ヨウコさんは時間ピッタシにやってきた。

「あー、この前と帽子ちがうんだ〜。これもかわいいかわいい」

あいかわらずノリはいい。今日こそはキメてやる。居酒屋へインだ。

「ヨウコさんは友達になんて呼ばれるの？」

「ヨウコとか、ヨウちゃんとか」

「じゃあオレはヨウコって呼ぶよ」

「わかったー」

前回の『お前』はさすがにマズかったろう。今夜の最後の詰めのところでは『ヨウコ』を使うとしよう。

「ヨウコと一緒にいるとなんだか落ち着くよ」

「ほんとー？　センちゃん口が上手いよね」

「ホントだって。あれからずっとヨウコのこと考えてたもん」

「またまた〜」

2軒目はバーへ。さすが9回裏2アウトだけあって、きっちりお付き合いしてくれるところはありがたい。

またもや辛気クサイ恋愛論を聞かされるうちに、期待通り終電がなくなり、バーを出たのは深夜の2時だ。

「じゃあどうしようかな？」

もうアレを使うまでもない気がしてきたが、最後の詰めにかかるとしよう。

手を握ろうとしたとき、彼女がすーっと大通りのほうに歩き出した。

「私はタクシーで帰るよ」

マジか！　ここで帰るって？

イラっとした勢いで、そばにあった電柱に、壁ドン！

「帰さねーよ。オレ、今日はヨウコと一晩中愛を語りたい」

「ちょっとあせり過ぎだって」

「そんなことないよ」

「いやいや。とりあえずちょっとタンマ。下見て下」

　オレたちが立っていたのはゴミ捨て場だった。げっ、しくじった。

　いったん冷静に戻る。

「ごめんごめん」

「センちゃん酔ってるでしょ?」

「いや、酔ってはいないけど…」

「もぉ〜」

　頬を膨らましているが、目は笑っている。怒ってはいない。もう1回チャレンジだ。

　ちょっと進んだ先に手ごろな電柱があった。よし、壁ドン!

「ヨウコ、ゴミはもうないよ。オレの目を見て」

「もぉ何なのぉ〜、センちゃん。

帰さねーよ
ヨウコ
ドン!!
ちょっとー
ゴミ捨て場
だよー

笑っちゃうんだけど」

「照れなくていいから。ヨウコの気持ちはわかってんだよ、顔に書いてあるし」

顔をぐっと近付けていく。

「はいはい。もう帰るよ。酔っぱらいは嫌いだし」

そのまま一人でグングン歩いて行く彼女。なんでだよ〜!

数日後のメールで彼女からこんなのが来た。

〈壁ドンやってるのわかったけど、ああいうのは特別好きな人にされたいものだよ?〉

舌打ちして、オレはボロアパートの壁をドンッと殴った。

あっさりフラれましたとさ

『裏モノＪＡＰＡＮ』２０１５年２月号掲載

あれから

企画から1年ほど経ったある日、思いつきでヨウコさんに連絡をしてみた。まだ結婚していないなら、もしかしたら再会セックスを狙えるんじゃないかと目論んで。

〈ご無沙汰してます。仙頭正教です。お元気ですか？　1年ぶりでしょうか？　その節は、壁ドンとかフザけてゴメンなさい。最近、恋愛のほうはどうですか？　ぼくはまだ独身なんですが（笑）、よかったら久しぶりにご飯でもどうでしょうか？〉

〈センちゃん、久しぶりです。メールありがとう。男の子なんだし、酔っ払ってハシャぎたくなることもあるよね。私もまだ待ち人現れずです。ご飯ぜひぜひ。来週だと仕事の都合が付きやすいです〉

1年ぶりにもかかわらず、『センちゃん』だ。30後半の男に向かって『男の子』ってのもどうかと思うが、このノリの良さって？

かくしてその翌週、新宿の居酒屋にやって来たヨウコさんは、ずっとテンションが高かった。

「最近もパーティにはたまに行ってるんだけど。あ、私、40過ぎちゃったから40代以上のパーティへね。そしたら、男の人がアラフィフのバツ持ちのオジさんばっかだから参っちゃうわよ〜」

オレの誘いに飛びついてきた理由は、そのへんにあったようだ。

ならばと遠慮なくガンガン口説くことに。

たらふく酒を勧め、居酒屋を出たところで、ビルの壁際までグイグイ押してみた。リベンジだ。

ドンと手で壁を突く。

「オレんちこいよ！」

「もぉ〜また酔ってるの〜」

「ヨウコの話、もっと聞かせてくれよ」

「ホントに？　センちゃんちどっちのほうだっけ？」

なんと、すんなりお持ち帰りできてしまったではないか。リベンジ成功いたしました！

「東大受験に失敗して

八浪決定です…」で女の同情を誘う！

3月10日、正午。東京大学の合格発表日。

学ラン&学帽&メガネの秀才学生ルックでキメたオレは、『赤門』の前に立った。喜びに感極まっている女子合格者たちに「キミも受かったの！　ぼくもだよ！」と声をかけ、新東大生と意気投合セックスするためだ。

実はこのナンパ作戦、熱心な読者なら覚えているかもしれないが、オレが4年前にも挑戦したもの。そのときは悔しいかな連絡先の交換すらできず惨敗だったので、今回はリベンジしてやろうと燃えていたのだ。

ところが、いざ赤門にいた警備員に合格発表会場を尋ねてみると、

「今年は安田講堂の改修工事をやってるもんで、合格発表はネットのみです。キャンパスに掲示板は出しません。受験要項に記載していたと思うのですが」

…マジか!?　赤門の前で呆然と立ち尽くした。わざわざ学ランのレンタルまでしてきたオレ、

アホ丸出しで泣けてくるんだけど。

泣きながら考えた。合格したフリをするならここでしかできないけど、受験に失敗したフリなら町中でもできるじゃん。

そうだ、そうしよう。方針変更。今回は浪人が決定したことにして（八浪ぐらいが適当か）悔し涙を流し、女の同情を誘う作戦だ！

「なんでカバンに本入れないんですか？」

昼3時。新宿駅前にやってきた。学ラン&学帽の秀才学生ルックは人の目をひくのか、周囲の視線をチラチラ感じるけど、通行人にいきなり声をかけるのは不自然過ぎるだろう。

「すみません、ぼくの話を聞いてもらえませんか？　東大落ちて八浪決定なんです」

そんな軽いノリの不合格者はいない。

そこでまずは駅前に立っている連中の前で、しんみり泣くことにした。

アルタ前にかわい子ちゃんを見つけた。付箋をビッシリ付けた『赤本』を抱え、それとなく隣に立つ。

「くっそぉ〜。何でだよ」

ちょっと大きめの声で独り言をつぶやき、ハンカチで涙を拭く。

「ちくしょ〜、八浪決定って何なんだよぉ…」

おねーさん、聞いてくれたかな？　赤本も目に入ってるよね？

なんで赤本手に持ってるんですか？
いやぁ…

チラっと彼女を見ると、目があった。声をかけてみる。

「びっくりさせて、すみません」

「えっ、いや、別に」

「自分、東大一筋だったんですが…」

彼女はニヤニヤ笑い出した。

「芸人さんですか？」

何そのツッコミ！

「いや、自分は芸人とかではなく…」

「でも、いまどきそんな格好してる人いないし。なんでカバンに本入れないんですか？」

「…これはその、ちょっと気になった問題があったので確認してて」

「何かの取材ですか？」

この子、勘が良すぎ！

「八浪の力、見せてやってくださいよ」

次のターゲットを求めふらふら歩いていると、西武新宿駅前の植え込みの柵に女の子がもたれかかっていた。行きましょう。

横に座り、首をうしろに倒して柵に頭をゴツンゴツンとぶつける。

「ちくしょ～、何でオレはこんなにバカなんだよ…」

彼女が何事かという表情で見てきた。

「…すみません。自分、混乱してまして。ちょっと話聞いてもらっていいですか？」

「……」

「今日、東大の合格発表だったんですけど、落ちちゃって…」

「東大受けたんですか。すごいじゃないですか」

「いやいや落ちたわけですし。しかも自分、八浪決定なんで」

「八浪…ですか」

「はい」

「…元気出してくださいよ。パーっと気分転換でもして」

なんかいい感触じゃん。このまま突っ走ってみっか。

「おねーさん、優しいですね。なんか泣けてくる…」

彼女のほうに一歩近付き、肩に頭を乗せてみる。カラダがさっと強ばった。

いったん頭を上げる。彼女の表情は苦笑いだ。でも怒ってる感じではない。

「すみません…。つい甘えちゃって」

「いや、大丈夫ですよ」

「でも、おねーさんとしゃべってると元気が出てきました。パーっと気分転換したくなってきました。カラオケとか行こうかな」

「カラオケいいと思いますよ」

「なんかオススメの元気が出る曲ありますかね？」

また浪人だよぉ！
八浪のチカラ見せてください！

「英語の歌とか歌ったらいいんじゃないですか」

「英語ですか？」

「東大ならラクショーでしょ？　ペラペラ〜と」

「…そうですね」

「八浪の力、見せてやってくださいよ」

「…わかりました」

「じゃあ、そろそろ人が来るんで」

苦笑いしながら去っていった。絶対、八浪バカにしてんだろ！


〈まだ何もされてないけど、なまら絡んでくる〜〉


待ち合わせの女の子じゃ厳しいかなぁ。ヒマじゃないと、相手をなぐさめてやろうなんて気も起きないもんな。やはりここはファストフードでボーっとしてる子とかを狙うのが正解か。

駅構内のドトールのカウンター席で、スマホゲームをピコピコやっている女の子がいた。派手なジャージ姿だ。こういうヤンチャっぽいコは意外と思いやりがあったりするものだ。

横に座り、例のごとく軽くうなだれたあと、しゃべりかけてみた。

「…おねーさん、そのゲームって何ていうんですか？」

「えっ？」

彼女がこちらを向いた。

「突然すみません。自分、東大一筋で勉強ばっかしてたもんで、ゲームとか知らないんで気になったもんで」

「東大受けたんですか？」

「でも、今日合格発表があったんですが落ちました。八浪決定です！」

「マジですか！」

目をかっと見開く彼女。どうなんだこの反応？

「よかったら、おねーさんの何かいい話、しゃべってもらえませんか？　元気になれる話がききたくて」

「楽しい話ですか？　あっ、ちょっと待って下さい」

ＬＩＮＥでも届いたのか、スマホをこそこそ操作する彼女。そしてしゃべり出した。

「私、出身が岩手で、１年前に東京に出てきたんですけど。地元にいるときにツイッターで繋がってやりとりしてた東京の人たちと会えたことが嬉しかったです」

「へー。じゃあ、落ち込んだときに会って話せる友達がいるんじゃないですか？」

「まあボチボチ」

「うらやましいなぁ。自分はまさに今、そういう友達が欲しいですよ」

「すぐに作れますよ」

ニコっと笑う彼女。これ、私がなってあげましょうって流れなんじゃないの？

とそのとき、オレにＬＩＮＥが届いた。彼女の後ろにいる、今回のカメラマン君からだ。何だ？

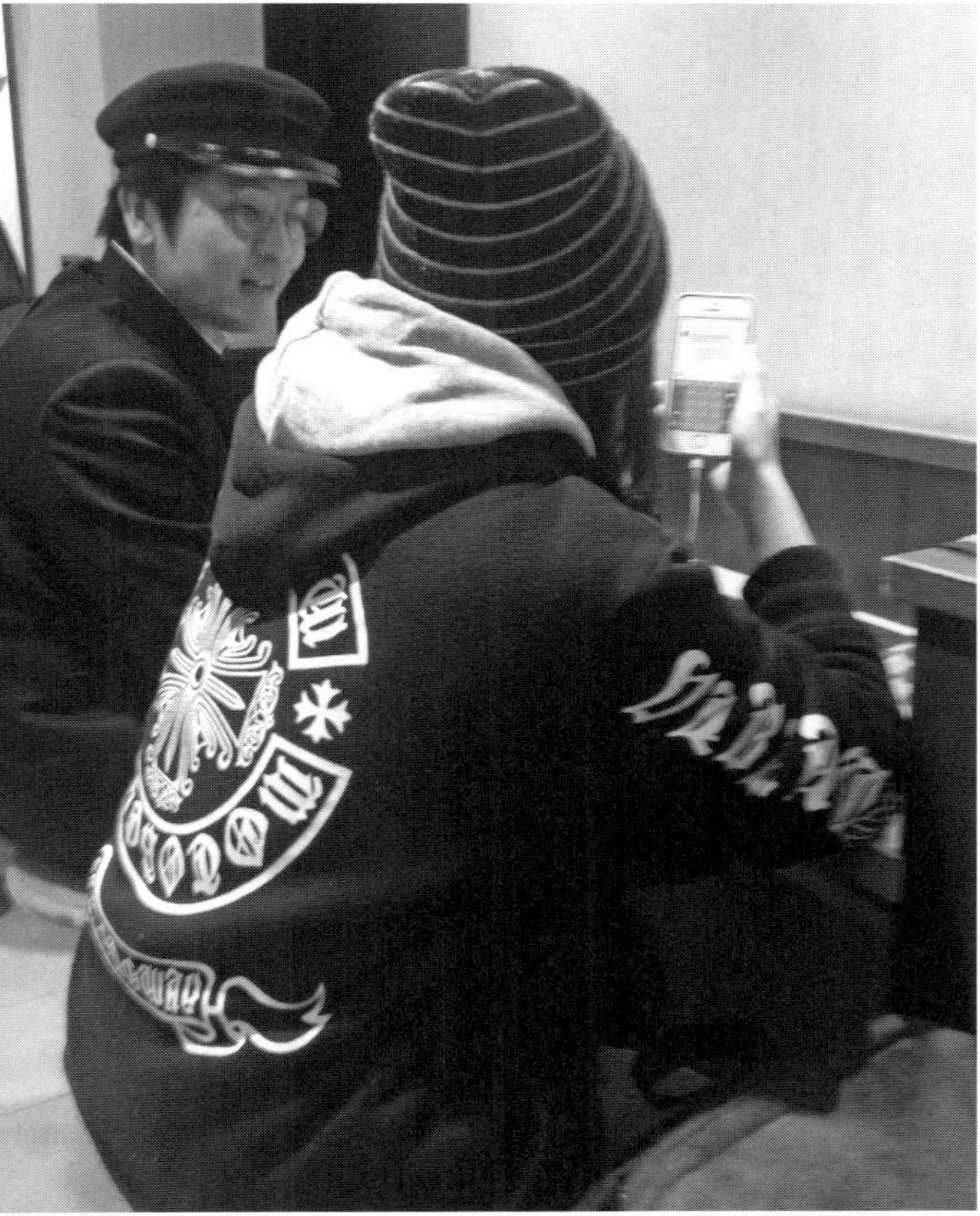

話してはくれたが……
友人へのLINEでは罵詈雑言

〈この子、友達とＬＩＮＥやってます。やりとりこんな感じ↓〉
〈今、東大落ちたって人に声かけられてる。助けて～〉
〈大丈夫？　マジ心配？〉
〈一応まだ何もされてないけど、なまら絡んでくる～。八浪とかコワイんだけどｗ〉

バカにされてんじゃん！

「落ちた人の気持ちはよくわかるの」

東大不合格者はなぐさめてもらえないのか？　８年も頑張ってきた人間に、若い女たちのこの対応は何だろう。

お次は熟女にしよう。ある程度人生経験をつんだ人間なら、他人の痛みもわかるはず。母性本能もくすぐられそうだし。

マックのカウンター席で、いとうあさこ似の地味顔ねーさんがいた。歳は三十代後半くらいか。

さっそく隣に陣取り、例のごとくつぶやき開始だ。

「くっそぉ～。落ちちゃったよ…」

ん？　いきなりすごく視線を感じる。とりあえず会釈すると、彼女も普通にかえしてきた。

「ども、おねーさん。よかったらちょっと話し相手になってもらっていいですか？」

「いいですよ」

「今日、東大の合格発表だったんですけど。落ちちゃって」

「そうなんだ…。東大なんてすごいじゃないですか」

「でも落ちちゃったわけだし。しかも自分、八浪決定なんで…もう何というか」

「つらいのわかるよ。うん、頑張った頑張った」

おおおおっ！　この優しい言葉。母親が泣いている子供をなぐさめるような感じだ。

「気晴らしに何か好きなことをパーっとすればいいと思うよ。何か好きなことないの？」

「好きなことですか？」

「…そっか、勉強ばっかりしてきたもんね」

「おねーさんは、何か好きなことあるんですか？」

「私は、マンガかな。というか本当はマンガ家になりたかったの」

うんうん落ちた人の気持ちはわかるよ
自分、東大落ちたんっす

「なりたかった…」

「でもダメだった。描いたマンガを出版社に持っていったんだけど、落とされまくっちゃって。だから落ちた人の気持ちはよくわかるの」

「…そうなんですね」

「で、私、今は何してると思う? ビルの掃除。実は今も仕事の休憩中なんだけど。どう? こんな人生の人間もいると思うと、何となく気がラクになるでしょ?」

あ〜いい人だ。今回の期待通りのリアクションだよ。

さらに同情心をくすぐるため、彼女の肩に頭をすーっとおろしてみた。と、首に手を置き、すりすり撫でてくれるではないか。10秒ほど撫でてもらったところで誘ってみた。

「おねーさん、今日は仕事は何時までで

すか？　もし無理じゃなければ、自分の気分転換に付き合ってくれませんか？　カラオケでも行きたくて」

「うーん、私、仕事が10時までだけどそれでもいいなら」

「セントウ君に歌ってあげるよ」

夜10時。約束のマックには、先にあさこさん（便宜上こう呼ぶ）がやってきていた。昼間の白Yシャツではなく、茶色のジャンパーに灰色のズボンの私服に着替えている。

近くのカラオケの受付で、彼女が料金表をじーっと眺めて言う。

「フリータイムなら朝までいても安いんだけど、まだフリータイムじゃないんだ。じゃあ、とりあえず1時間でいいか」

これはどういう意味だろう。朝まで付き合えるってことじゃん！

「ドリンク、セントウ君はどうする？　私は、マンゴージュースでいいかな」

酒じゃないのか…。

「…じゃあ、ぼくは今日はパーっとやります。ビールもらってもいいですか」

「うんうん。そうね。楽しんだらいいと思うよ」

部屋に入り、とりあえずテーブルにバラけて座った。

「カラオケなんて、ほとんど初めてです。自分、あんまり曲知らないんです。おねーさんはよく来るんですか？」

ぼくのために歌ってくれてありがとう

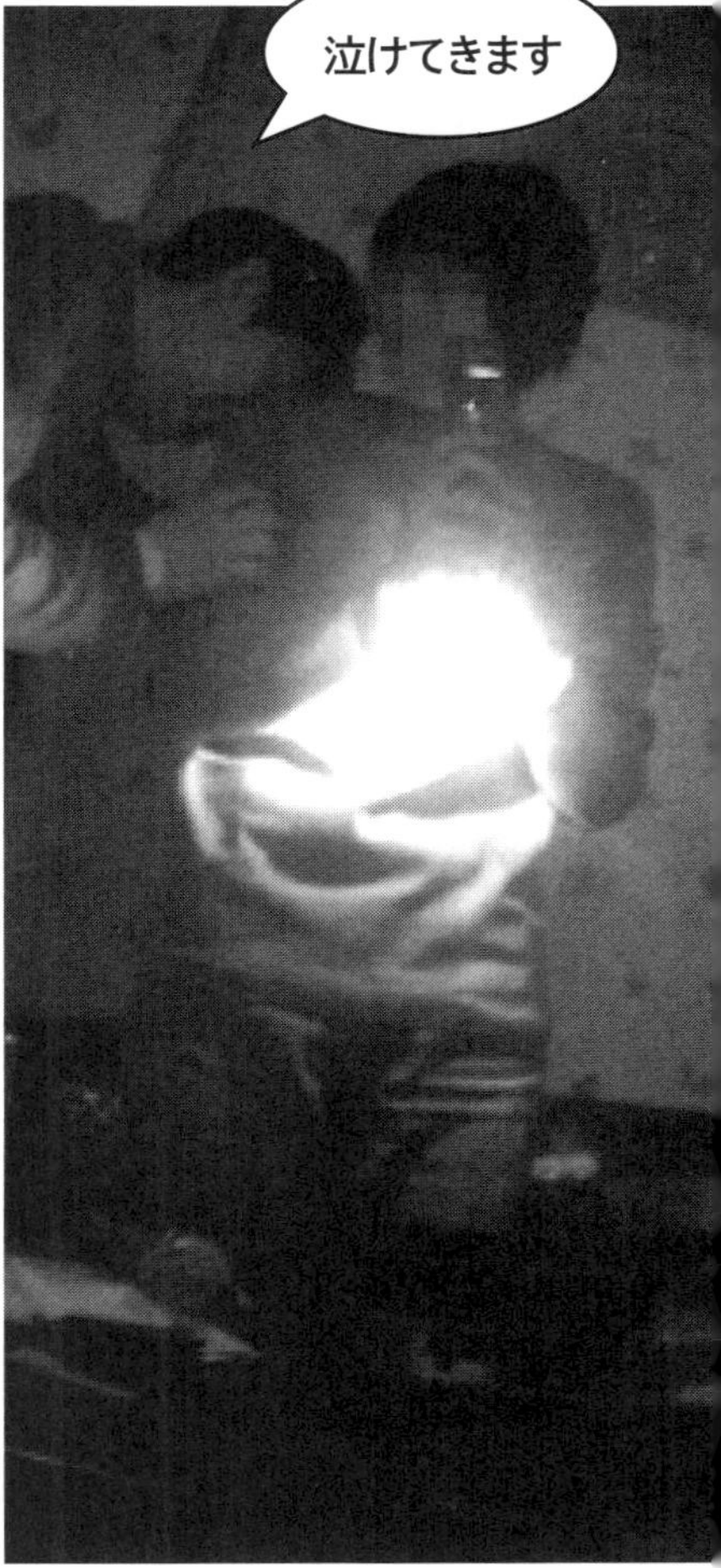

「ヒトカラはけっこうするかな。ストレス発散になるし。じゃあとりあえず、セントウ君も知ってる曲入れようかな」

あさこさんがサザンやユーミンの有名曲を入れていく。オレはそれを一緒に歌いながらタイミングを伺う。

と、6曲目で彼女がこんなことを言い出した。

「このリンダ リンダは知ってる? 昔、友達が私によく歌ってくれたの。セントウ君に歌ってあげるよ」

まもなく曲が始まった。おもむろに彼女の肩に頭を置いてみる。

「…ありがとうございます。こんなに優しくしてもらって…なんか泣けてきます」

彼女の手がすーっと伸びてきてオレの頭を抱きしめてきた。いい感じになってきたぞ。


「自分、もうおかしくなっちゃってるんです」


あさこさんの席へ移動し、そのまま抱き付いた。掃除の仕事をやっているせいか、なかなか筋肉質ボディだ。

「いいよいいよ。泣いていいよ」

「…すみません。なんか自分、混乱して甘えちゃって」

「人生のなかで大きいことだったもんね。わかるわかる。甘えてていいよ」

おっとスゴイ言葉が飛び出した。こりゃあもう突っ走っちゃっていいね。

小ぶりのおっぱいに顔を突っ込んだ後、強引にキスを迫ってみる。

と、さっと顔をそむけられた。あれ？

「セントウ君、ちょっとストップ」

さっと起き上がるあさこさん、腕時計をちらっとみている。

「ほら、もう1時間だ。そろそろ帰らないと」

「…帰るんですか？」

「セントウ君はいていいよ。せっかくだし朝まで歌ったらいい」

何を言い出すんだよ。ここでほったらかしかよ！　おいおい待ってくれ。

ねえさん!
甘えていいよ

「もうちょっとだけ一緒にいてくれませんか？」

「だけど、明日も仕事あるし」

先ほどまでとは、明らかに雰囲気が違う。まさか強引に迫ったのが東大浪人のイメージに合わなかったのかも。

「…でも自分、今日はもう寂しくて。お願いします」

しかし、彼女はジャンパーを着始めている。くそっ、マジかよこのヒト。こうなりゃもうヤケクソだ。

あさこさんの手を取って自分の股間にもっていった。

「自分、もうおかしくなっちゃってるんです。お願いします」

そのままチンコを出そうとしたところ、彼女がガバっと立ち上がる。

「気持ちはわかるけど、ダメ」

「いや、でももし、ここで優しくしてもらえたら、来年は合格できそうだし」

「うーん。でもセントウ君、東大だけが学校じゃないよ。前向いて頑張っていこう！」

励ましの言葉を残して、彼女は去っていった。

うーん、八浪ってのがよくなかったかな。せめて三浪ぐらいにしとくべきだったか。え、そういう問題じゃない？


『裏モノＪＡＰＡＮ』２０１５年５月号掲載

最初から
おかしいだろ

あれから

企画から1年後の3月、あさこさんに久しぶりに電話してみた。東大九浪が決定し、もっか絶望中の27歳のテイで、もう一押ししてやろうと思って。

プルルルル――――。

「はい」

「あ、あさこさんですか。去年、東大を落ちたときになぐさめてもらった仙頭正教です。突然、すみません」

「……あっ、久しぶり」

「実は、ぼくバカで、大バカで…。今年も落ちちゃって。きゅ、九浪が決定し…。ううう っ」

言葉を詰まらせ、相手の言葉を待つ。どうだ九浪だぞ、聞いたことないだろ九浪なんて。

「…そうなんだ。じゃあ今、来年に向けて頑張ってるんだ」

優しい口調だ。そりゃあほっとけるわけないよね。

「だけど、自分がもう信じられなくて…」

「うんうん、わかるよ」

「悶々としちゃってるから、何かで発散したくて」

「うんうん、わかるよ」

「あさこさん、また一緒にカラオケに行ってもらえませんか？」

「あっ…、今、ちょっと仕事のスケジュールがわからなくて」

ん？　口調が強ばったぞ。

「今週とかダメですか？　来週とかでもいいですし」

「今月はシフトがまだ出てないから、スケジュールわかったら電話するね」

「そうなんですか？」

「じゃあ、セントウ君も元気だして。勉強、頑張ってね」

電話はせわしなく切れた。

その後、あさこさんからの電話はなく、こちらからかけても出ない。九浪ってのはさすがに引いちゃったようだ。

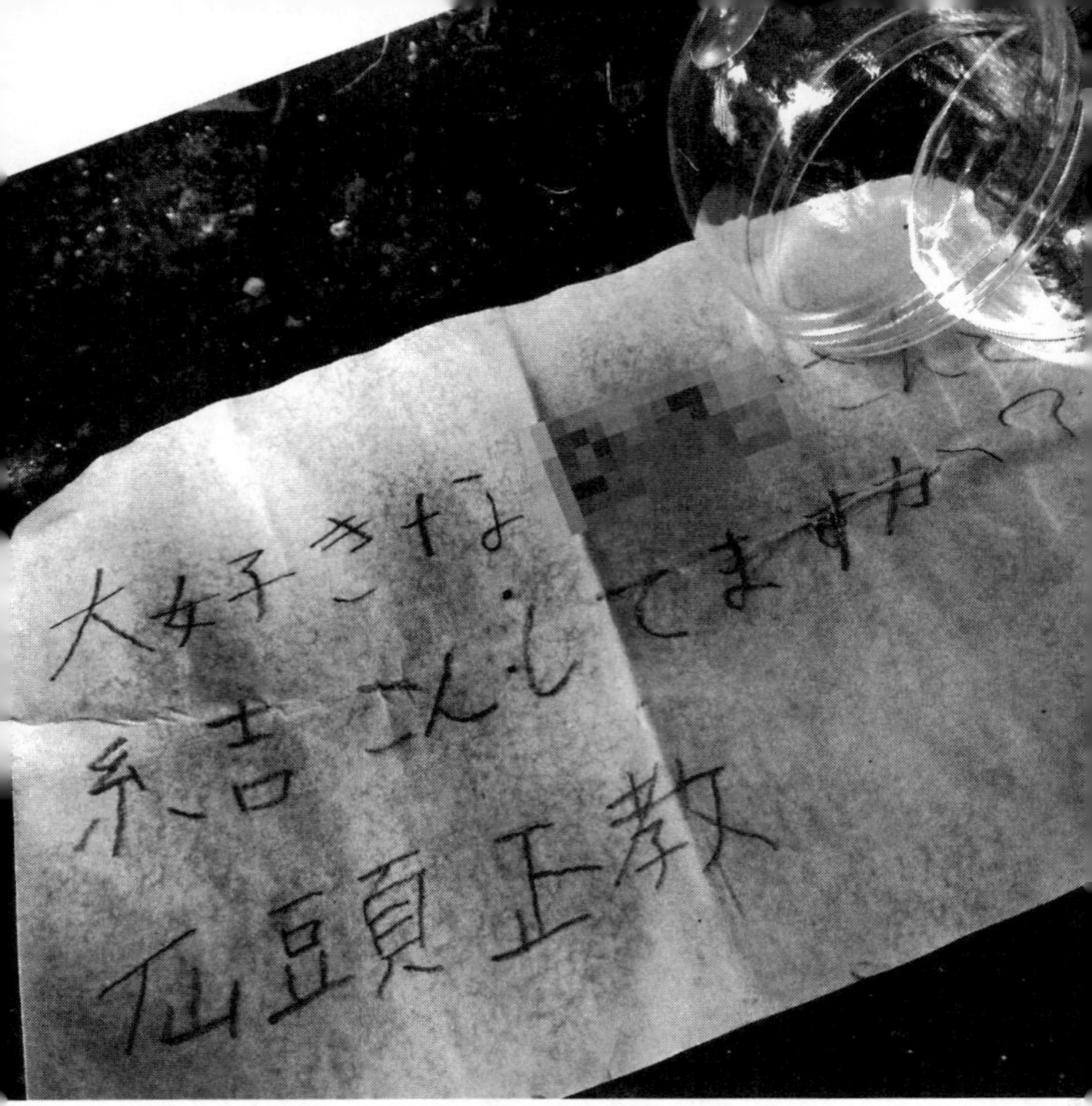

クレイジーナンパ大作戦⑳

同級生との再会セックスに憧れるオレは、過去、小中高時代の同級生の女子全員に年賀状を出し、帰省のついでに飲もうよと誘い出して、まんまと肉体をちょうだいしたことがある（P214参照）。

我ながら賢い手口だと自画自賛したものだが、ここにきてまたもやナイスなアイデアが思い浮かんだ。

名づけて、タイムカ

25年ぶりに掘り起こしたタイムカプセルに自分のことが大好きだと書かれていたら…？

プセル作戦。

　みなさんも小学校の卒業時に、グラウンドの隅にタイムカプセルを埋めた記憶があることだろう。中に入れるのは、思い出の品だったり、将来の自分への手紙だったりと他愛のないものだ。大人になってから集い、掘り起こしてあーだこーだ盛り上がる。そんな試みは全国的に行われていたと思う。

　そいつを捏造して、再会セックスにこぎつけるのが今回の作戦だ。解説しよう。

今から25年前、高知の小学校を卒業する際、オレのクラスはタイムカプセルを埋めていない。が、実は男子だけは埋めていたことにする。

そいつを、当時の同級生女子を誘って一緒に掘り起こす。中から出てくるのは、拙い文字で書かれた未来の自分への手紙だ。

内容はこう。

『大好きな○○さんと結婚していますか？　仙頭正教』

一緒に掘り起こす子の名前をガッツリ記しておくのだ。

読んだ彼女は感激するだろう（セントウ君、小学校のとき私のこと好きだったんだ。ちょっぴり嬉しいな〜）。

そこからは勢いのまま、なんとか強引に仕留めてしまうという流れだ。

ターゲットは桑名さんをおいて他にない

まずターゲットを決めよう。

小6時代に好きだったクラスメイトの女子はいるにはいるが、彼女は既婚者なので、タイムカプセルの掘り起こしに付き合ってくれそうにない。

口説き落とすのも困難だろう。

ここはやはり、いまも地元の高知に在住で、なおかつ独身の女子を狙うべきだ。条件に当てはまるのは…。

桑名明子さんが適任か。男子と一緒にドッヂボールをやったり、運動会でリレーの選手を務めたりするおてんばなコで、誰に対しても人懐っこく、男子にけっこう人気があった。卒業後は同じ中学に進学したが、一緒のク

クラスメイトを騙す日が来るなんて……
（どれが桑名さんかは秘しておきます）

ラスにならなかったこともあり交流はなく、最後に顔を合わせたのは、成人式のときだろうか。

地元の男友達から聞いたところでは、彼女はまだ独身で、30代半ばの年齢にしては見た目も若いらしい。

キャラクター的にも、状況的にも、そしてオレの性欲的にも、ターゲットは桑名さんをおいて他にないだろう。

さっそく友達から聞いた携帯番号にかけてみた。

「久しぶり。仙頭やけど」

「えっ？」

「小6のときに一緒のクラスやった仙頭です」

「…仙頭君ってあの仙頭君？　びっくりした！　なんか年賀状くれたよね？」

2年前のアレを覚えていた。あのときは既婚子持ちの設定だったけど、もし尋ねられたら今はバツイチにしとこうか。

「久しぶりに高知の友達としゃべりよったら、桑名さんのこと思い出して」

「何それ？」

「実はね、小6のときに学校にタイムカプセルを埋めたがやけど」

「そんなんしたっけ？」

してないしてない。というかこれから埋めるんだし。

「いや、男子だけで埋めたんで桑名さんは知らんと思う。で、30歳のときに取り出す約束やったがやけど、誰からも連絡が来んかって」

あらかじめ考えておいた設定だ。

「来週、久しぶりに高知に帰るき、掘ってみたいと思うがやけど、男連中に連絡取ってみたら、みんな仕事が忙しそうながって」

「そうながや？」

「桑名さん一緒に掘りにいかんかえ？」

「えっ？」

「一人やと、なんか学校の人に怪しまれるかもしれんし」

どうだろうこの誘い、ちょっと強引だけど…。

「んー、土曜ならなんとかなるけど」

よっしゃ。土曜日までに準備だ！

ゲーセン中学生に下手な字で書かせ

まずは未来の自分への手紙だ。

『大好きな桑名さんと、結こんしてますか？　仙頭正教』

あえて「婚」を平仮名にした一文だ。6年生なんてこんなもんだろう。他にはいらないことは書かない。バカな文章と一緒だと本気度が薄れてしまうからな。

他の男子のメッセージはどうだっていい。

『このクラスのメンバー最高。一生ダチ！』

『小6の友情忘れんなよ！』

『ばーか、あーほ、ダッフンだ』

『チン毛ボーボーですか？』

　時代性を感じさせるものも盛り込んでおこう。

『どこにいてもかけられる電話を発明する』

『東京タワーよりも高いタワーは建ってますか？』

　これらを、ゲーセンで見つけた中学生どもに１枚１００円の謝礼で書かせた。

「わざと下手に書いてくれよ」

「はい」

「目的は、まあ聞かないでくれ」

「はい」

　ゲーセン中学生も素直なもんだ。

　できあがった手紙を水に濡らしたりドライヤーで乾かしたりして劣化させる。25年も経ってるんだから、さすがにまっさらの紙では桑名さんも不審がるだろうし。

それぞれ丸いカプセルに入れ、さらにプラスチック容器に入れて、ガムテープでキッチリ梱包し、すべて完成だ。
できれば当時のおもちゃなんぞも同封しておきたいところだが、そんなもんは持ってないしあきらめよう。

オレってスゲーOBだなぁ

約束の土曜日、昼過ぎに高知に帰省した。

桑名さんとは午後に会おうという約束しかしておらず、具体的な時間はまだ決めてない。

実家に荷物を置き、彼女に電話をかける。

「今日だけど、夜8時に小学校前の待ち合わせでいいかな？」

「夜ながが？　まあいいけど」

こちらの狙いは再会セックス。遅い時間のほうが都合がいいし、会う前にやらなくちゃいけないこともある。

ケースが新しすぎるが
まぁいっか

待ち合わせの2時間前、夕方6時、シャベルとタイムカプセルを持って小学校に出かけた。

母校の小学校は、土曜なので人気がなく、田舎ののどかさなのか、校門は開いていた。

下駄箱、渡り廊下、グラウンド――。普通に懐かしいなぁ。でもってまさかオッサンになって偽タイムカプセルを埋めにくるなんてオレってスゲーOBだなぁ。そんな姿、当時は想像すらしてなかったなぁ。

北側の校舎裏のちょっとした茂みへ向かう。この切り株の横にするか。

シャベルでざっくざっく穴を掘り、タイムカプセルを埋め終えた。表面は落ち葉で覆っておこう。

まさか埋めたばかりだとは気づかれまい(?)

「意外ときれいに残ってるやん」

夜8時。小学校の正門前に立っていると、白いジャケットの女が近付いてきた。桑名さんだ！

「久しぶり！」

当たり前だが、すごい大人になっている！　評判通り、けっこうイイ女だし。

「仙頭君、ほんと久しぶりやね」

「成人式以来やと思うから、15年は経っちゅう思うわ」

彼女も喜んでくれているようで目がキラキラ輝いている。

「呼び出してすまんね。さっさと掘って、そのあと飲みにいかんかえ？」

「ははは っ。まあそうやね」

では掘り起こしに参りましょう。北側の校舎裏へ向かい、まずは付近をウロウロする。

「たしか、大きな木のそばに埋めたがやけど」

「もう無くなっちゃあせんかえ？」

それがあるんだよ。おもむろに懐中電灯で切り株を照らす。

「この切り株、怪しい！」

「これ？」

「ちょっと掘ってみるわ！」

シャベルでザクザクやる。プラスチック容器が見えた瞬間、全力で興奮したフリを。

何も知らずにやってきた桑名さん

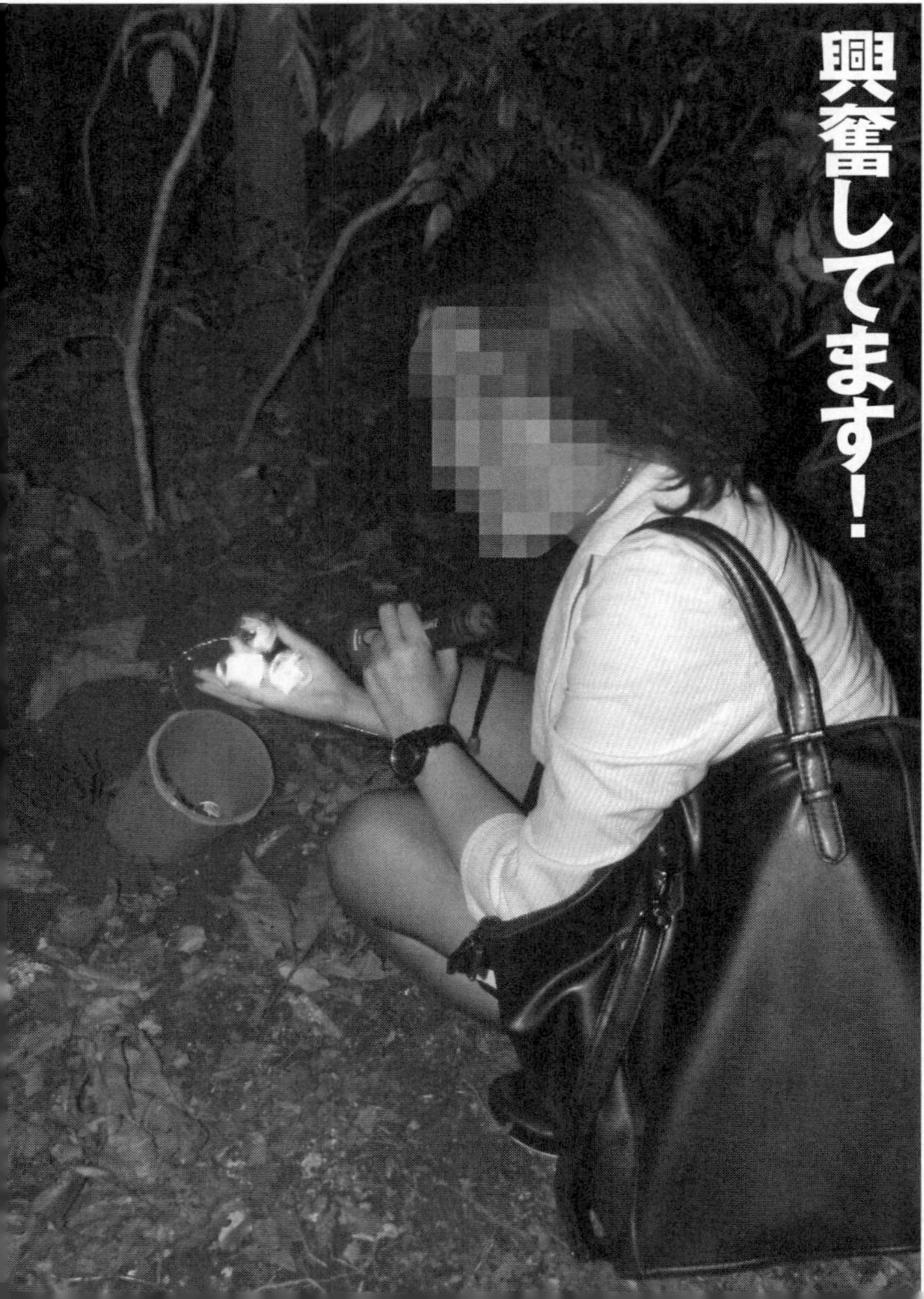

興奮してます!

「あった！　あった！」

「ほんとに？」

「やった！」

「ほんとだ！　すごい！」

彼女はバタバタ足踏みして興奮している。いいねいいね。笑っちゃいそうなんだけど。

では開けて見せてやるか。ガムテープを外し、タイムカプセルを取り出す。

「すげー。意外ときれいに残ってるやん」

「ほんとやね」

「そうだ、オレ、ケースに印つけた気がする！　どれやったっかなぁ？」

あらかじめ目印をつけておいた自分のタイムカプセルを手に取る。

「これや！　何か緊張するわ」

「開けてみいや？」

「桑名さん読んでみてくれん？」

と、カプセルを手渡す。

ん？　彼女の目がかっと見開いた。ビックリしてるビックリしてる！

「実はオレ、桑名さんにこれを見せたかったんだよ」

「…何の冗談でこれ？　びっくりするがやけんど…」

ちょっと間があった後、彼女は他のタイムカプセルに手を伸ばした。

「…他のも見せてや」

待て待て、さらっと流すんかい！　もっと感激してよ！

まあでも、この状況でそんなに大喜びするのも大人げないと思っているのかもな。内心はキュンキュンしてるに決まってるよ。

「伝えちょかんと、一生後悔すると思って」

掘り起こしイベントを終え、大通りまで歩いてタクシーを拾い、繁華街へ向かった。帯屋町の居酒屋に入り、ビールで乾杯。

「じゃあ乾杯」

「どうも」

テーブルにメッセージをずらっと並べながら様子をうかがうことに。

「何か面白いやついる？」

「これとか。どこでもかけられる電話って、今はもう携帯やきねえ」

興味津々に読んでくれている。笑っちゃいそうだ。ゲーセンの中坊が書いたのに。

「あっ、浅野君、社長になってますかって書いちゅうけど、あの人、ほんとに社長やりゆうで」

「そうながや」

「たまに見かけるきねえ。今度会ったら、タイムカプセルのこと言うちょくわ」

イカンイカン、それだけは止めてくれ。

「…でも、それはあいつも照れるやろうき、止めちょっちゃりや。それよりオレがひそかに好

なんで他の
クラスメイトのことばかり
しゃべるんだよ～

きだったのはわかってくれた？」

「びっくりした。仙頭君、そんな素振りまったくなかったやろ？」

「まぁ出さんかったきね。でもこれは伝えちょかんと、一生後悔すると思って」

「…ありがとう」

ん？　この反応はイマイチなのかな…。

何気に肩をポンポンと叩いてみる。

「じゃあ、今夜はトコトン付き合ってよ」

「…いや、でも、あんま遅くなるのはちょっと…」

あら？　釘さされちゃったよ。私はそんな勢いで口説ける女じゃないよ、みたいな感じか。

ノリで突き進んでいい展開のハズなんだけど。

「司会者が紹介したら感動じゃない？」

結局、居酒屋では口説きモードにもっていくことができず、他の男子の思い出とか、今は何をしているといった話ばかりしゃべり、１時間半ほどで店を出た。

さてどうしたものか。オレはこの再会を取っかかりに、何日もかけて関係を温めて、みたいな展開はもちろん考えていない。明日には東京に帰らなければいけないし…。

ひとまず夜道を並んで歩く。

「オレ、バツイチで再婚を考えてるがって」

「そうながや」

「たとえばの話で聞いてよ。結婚式のとき、新郎は小学校のときのタイムカプセルに新婦の名前を書いており、って司会者が紹介したら感動じゃない？」

「いやいや、爆笑でしょ」

なぜだ？　年頃の独身女ならロマンチックな結婚話に弱いと思うんだけど。

おもむろに自分のタイムカプセルを差し出してみる。

「とりあえず、これはあげるよ」

「いいよいいよ。仙頭君持っちょきや」

受け取らない。恥ずかしがってんのか？

ここまで来たらもうガツガツ行ってやろう。さっと彼女の手を取り、強引にカプセルを握らせた。

「ほら、持っといてや」

「えー？」

「だって桑名さんのこと、ずっと気になっちょったき」

「……うーん」

彼女の足が止まった。そしてじっと見つめてきた。

「重いおもい。なんか怖いもん」

「小学生のとき好きだったって言われても、嬉しいのは嬉しいがやけんど…」

「結婚したいぐらい好きやったがよ？」

「ほんならなんで告白せんかったがで？」

なんでと言われても…。本気で好きだったわけじゃないしな。

「でも25年前に書いたこと、今も覚えてたってすごくない？　だから桑名さんを誘ったんよ？」

「ん ー…」

困った顔をしている。困るようなことかな？　これ、逆の立場だったらすぐに抱いてやるんだけどな。

「重かった？」

「うん、重いおもい。なんか怖いもん」

怖いとまで言われてしまった。根本的に作戦が間違っていたのか。

「じゃあ、私、そろそろ帰らんといかんき。また高知戻ったら連絡ちょうだいや」

ペコリとお辞儀をした桑名さんは、夜道をトボトボと歩いていった。

数日たって、桑名さんからラインが届いた。

そっけなかったけど胸中は嬉しかったみたい
(でもどうにもならない)

〈もう東京かえ？　この間は嬉しかったヨ！　昔に戻ったような不思議な気分でした。また高知に戻ったら連絡ください。同窓会したいな！〉

あたりさわりのない社交辞令だが、わずかながらもフワッとした気分にさせたことは確かなようだ。新たなターゲットを見つけて、また埋めに行こっかな。

『裏モノＪＡＰＡＮ』２０１５年9月号掲載

せんとう・まさのり　学芸高、桜美林大学経済学部を卒業後、飼料関係の出版社に入社。平成16年10月から鉄人社に移り、雑誌「裏モノ」の編集者として取材、編集に携わっている。

企画がボツになったり、精神的に苦しいときはありますが、自由な職場だし、仕事自体は楽しいですね。田舎もんの私が東京に出てきて、自分たちの書いた雑誌が書店に並ぶ。モノを作る喜びというか「おれらでもできるんや」という満足感が得られるのが、この仕事の醍醐味（だいごみ）。いつか自分の企画で雑誌を作りたいですね。

あれから

27歳のとき、故郷・高知の新聞社から取材を受けた。〝東京で頑張っている高知県人〟というテーマのもので、その写真入り記事が掲載されたときは、地元の小中高時代の同級生から連絡が来た。

「仙頭クン、頑張っちゅうね。応援するきねぇ」

「高知に錦を飾ってくれやぁ」

まるで郷土のヒーローのような扱

遠境近況

いつか自分の雑誌を

雑誌編集者

仙頭　正教さん（27）

＝東京都渋谷区在住＝

大学を出て歯科業界誌の出版社に入ったんです。でも、自分で文章を書く機会が少ないし、あまり面白くなくなって。そんなとき、飲み仲間に雑誌の編集者がいて「なんか書いてみる?」と、アルバイトを始めたのが会社を移るきっかけでした。

編集長を入れて9人の出版社で、アンダーグラウンドな雑誌を作っています。出会い系サイトのサクラの潜入ルポ、犯罪者のインタビューなどいろいろ取材して書いています。

テーマがテーマなので笑えないトラブルもありますよ。この前はドラッグの密売人にインタビューしたんですが、隠れて生活している人の取材で、僕がＧＰＳ（衛星利用測位システム）付きの携帯電話を使っていたために、1日に50回以上も文句や脅しの電話がかかってきたんです。最終的には会社で解決しましたが、あのときはほんと、やばかったです。

いを受け、オレはずいぶん舞い上がったのだが…。

さて、地元の同級生は、特に女どもは、この本を見たらどんな反応をしてくれるかしら？　年賀状作戦も載せてるし、…コワッ。

おわりに

今、この期に及んで不安になっていることがある。

表紙の携帯番号だ。

「マジの番号を載せたら、本屋で目立っていいんじゃないですかね？」

デザインを議論しているときにオレ自身が出したアイデアだが、もちろん冗談半分だった。「アホかよ、イタ電の嵐だぞ」と却下されるだろうと想定してのウケ狙いにすぎない。

ところが、

「じゃあそうしようか」

「いいね」

「決定で！」

あっさり同意されてしまった。

これまで企画で何度も携帯番号をさらしてきたせいか、長年、イタ電の多さに悩まされている。ずっと無言だったり、いきなり「頭、大丈夫?」とバカにしてきたり。男の声で「チンポしゃぶらせてくんない?」と懇願されたこともある。

中には、本当に気色の悪いものも。

毎年4~6月ごろ、2日に1回のペースでかかってくる恒例の非通知イタ電だ。出るといつも『フィッフィッ、フォー』という口笛みたいなメロディが流れてくるだけ。

「いったい何なんすか?」

こちらの呼びかけには一切答えず、ひたすら『フィッフィッ、フォー』。

「忙しいんで30分後にかけ直してもらえますか?」

そう伝えたときは、きっかり30分後にかかってきた。そしてまた口笛の音が。ホラーかよ!

さて今回、表紙に番号が載ることでさらなるイタズラが予想されるわけだが、その攻撃にオレは耐えられるのだろうか。非通知拒否?　いやいや、そんな逃げ腰じゃ男がすたる。

ん?　待て待て。イタズラだけとは限らんぞ?

なにせ恋人を募集してるオトコの電話番号なのだ。さみしい女からのラブコールがあっても不思議じゃない。そもそも女ってのは〝本の著者〟なんて肩書きに弱いからな。肉体のひとつやふたつ喜んで提供してくるのでは…。

思えば本書に掲載されたどのナンパも、最初は多少の不安があった。でもいつもスケベ根性がそいつを上回り、気づけば外へ飛び出していた。

結果、得たもの、失ったもの。プラマイすればマイナスのほうが大きかったような気もするが、まぁ、それはそれってことで納得し、今はただ、まだ見ぬ女性からの電話を待つとしよう。

2016年8月24日　仙頭正教

文庫化に向けたあとがき

単行本の出版から2年半が経った。この間にオレは四十を過ぎ、年齢が大台に乗ったせいもあるだろうか。今、こうして自分の若い頃のナンパリポートを読み返し、どこか感慨深い気持ちである。

我ながら、ずいぶんと手のこんだナンパをやってきたものだ。甲子園に行けなかったんでなぐさめてとか、東大に落ちたからなぐさめてとか、どうですかこのパワフルさ？　日本のナンパシーンに爪痕を残したんじゃないの？

思いを巡らせるのは、やはり出会った女たちのことだ。

覚えている子の数は少ないが、全体的に頭のネジが1本抜けたような不思議な子が多かったように思う。スマホの連絡先を見ると、そんな女たちの連絡先が「○○（お嬢、マー君休日）」とか「☆☆（甲子園ナンパの子）」とか「△△（東大ナンパ姉さん）」といったふうにいっぱい残っている。この先かけることはないだろうが、いい思い出の品だ。

そこでふと気になったのは、女たちのほうのスマホのことだ。

オレの連絡先は残されていないだろうか？　チン見せをカマしてビビらせた子なんかには抹消されているかもしれないが、登録されたままになっているということもあるはず。それこそ、「風船のマサノリさん」とか「せんとう君、東大合格」とか「マー君（おいも屋さん）」ってな感じで、オレのナンパ記事のタイトルのような登録名が残っているのでは？　なるほど、こうして本まで出した自分の活動が、その一番の証人である女たち中にちゃんと記憶されている、何だかうれしいではないか。

…って、何をしんみり思ってんだかオレ。ちょっと思い出にひたりすぎちゃったかも。

さて、現在のオレだが、もちろんナンパは続けている。歳でパワーダウンしたのではなんて思ってくれるなかれ。自分のテンションはまったく変わらずだ。

例えば、2018年の暮れ、ロックバンド『クィーン』のボーカル、フレディー・マーキュリーの生涯を描いた映画がブームになった時期に、フレディーのコスプレをしてお見合いパーティーへ乗り込んだ。タンクトップ、ロひげ、オールバックという格好のオレは、周囲から白い目で見られまり、しかしナンパは1人でもホレさせたら勝ちなんだよと奮発したが、全員から狂人扱いされた。ま、本を読んでもらっておわかりの通り、そんなことは何度となく経験しているので屁でもない。

オレのクレイジーナンパはまだまだ続きます。

2019年4月、仙頭正教

鉄人文庫

『裏モノJAPAN』編集部セントウの
クレイジーナンパ大作戦

2019年5月18日　第１刷発行

著　者　仙頭正教
発行人　稲村 貴
編集人　平林和史
発行所　株式会社 鉄人社
〒102-0074 東京都千代田区九段南3-4-5 フタバ九段ビル４F
TEL 03-5214-5971　FAX 03-5214-5972
http://tetsujinsya.co.jp

デザイン　細工場
印刷・製本　株式会社シナノ

ISBN978-4-86537-161-1　C0195

本書へのご意見、お問い合わせは直接、小社までお寄せくださるようお願いします。